KB272336

50부터 시작하는
월 300 연금 만들기

50부터 시작하는 월 300 연금 만들기

황호봉 지음

"은퇴 후에도 월급이 필요합니다!"

연금저축·IRP·ISA, 3종 절세계좌로
따박따박 평생 소득 만들기!

일에일북

지금이 가장
빠른 때입니다

많은 사람이 돈을 버는 이유이자 목표로 '행복한 노후'를 꼽는다. 허나 현재를 살아가는 우리는 작게는 애들 학원비, 여름휴가비, 크게는 내 집 마련을 위해 돈을 모은다. 머릿속 한편에 자리 잡은 가장 큰 걱정거리인 노후는 정작 외면한 채 말이다.

정년을 앞둔 선배나 동료에게 회사를 그만둔 이후의 삶을 물으면, 열이면 일고여덟 "뭐 어떻게든 되겠지" "지금은 그런 고민할 여유가 없다"는 대답이 돌아온다. 노후를 걱정하면서도 미래가 아닌 현재를 위해 돈을 벌고 쓰는 것이다.

사회초년생 시절, 선배들은 "회사에 충성하면 다 길이 열린다" "임원만 달면 노후가 무슨 걱정이냐?"라고 자신 있게 이야기하곤 했다. 이제는 시대가 바뀌었다. 과거에 그런 말을 하던 선배들조차, 노후를 준비하지 못한 시간을 돌아보며 후회하고 있다. 아주 큰 대기업이 아닌 이상, 일반적인 회사에서 임원이 된다고 해서 노후에 대한 걱정이 사라지지는 않는다.

'로또'보다 '연금복권' 당첨이 더 행운이라는 이야기를 들은적이 있다. 죽을 때까지 수백만 원씩 일정하게 매달 지급되는 황금상자가 있다면, 당장의 일확천금보다 값질 수 있다는 말에 저절로 고개가 끄덕여진다. 현재를 살아가는 우리는 큰 일이 없는한 80~90대까지 살 수 있을 것이고, 의술의 힘을 잘 빌린다면100세 시대도 꿈은 아닐 것이다. 법정정년(60세)까지 꼭꼭 채워서 은퇴를 해도 짧게는 30년, 길게는 40년에 달하는 시간이 우리 앞에 놓여 있다. '버티느냐' 아니면 '살아가느냐'의 문제가 이제는 남 일이 아니다.

평생 마르지 않는 현금으로 은퇴 이후에도 자식들의 든든한 후원자가 되고 싶고, 후배들에게 만나고 싶은 선배로 남고 싶은가? 아무리 늦어도 은퇴를 5년에서 10년을 앞둔 50세 전후에는 무언가를 해야 한다. 사람은 혼자 살 수 없고, 현재만을 살아갈 수 없다. 과거의 좋은 기억을 같이 곱씹을 동지와 시간이 필요하고, 중요한 것은 스스로 여유가 있어야 당당하게 가슴을 펼 수 있다. 그 전제가 바로 돈이다.

은퇴 이후에 큰돈이 필요하니 '10배 오르는 주식' '제2의 엔비디아나 테슬라' 등의 이야기를 하자는 것이 아니다. 그러한 주제에 동의하지 않는 것은 아니지만 좀 더 현실적인 이야기를 하고 싶다. 직장에서 선후배 사이에 치이고, 가족에게 버팀목이 되고 싶어 하루하루를 버티는 40~50대에게 '큰돈을 만드는 투자'는 지나치게 버거운 과제다. 빠듯한 생활 속에서 어렵게 마련한 목돈을, 수익률 10배를 기대하는 높은 리스크에 베팅할 수 있는 사람은 많지 않다. 우리에게 필요한 것은 한 번의 큰 승부가 아니라, 보다 합리적이고 체계적으로 미래의 현금흐름을 만들어 가는 '돈을 굴리는 기술'이다.

50세가 넘었다고 해서 시간이 없는 것은 아니다. 쉽지 않겠지만 지금부터라도 차근차근 준비한다면, 무리하지 않고도 만족할 만한 수준의 연금을 만들어 제2의 삶을 당당히 살아갈 수 있다. 중요한 것은 '이미 늦었다'는 체념이 아니라, 아직 남아 있는 시간을 어떻게 쓰느냐다. 이런 이야기를 하면 혹자는 이렇게 반문할지도 모른다.

"50세가 늦지 않았다고? 너무 낙관적인 이야기 아닌가?"

연금에 돈을 묶어두기보다는 당장의 소비가 급하다는 이유로 노후 준비를 미루는 경우도 많다. 그런 분들에게 필자는 이렇게 말하고 싶다.

"지금이 가장 빠른 때입니다."

　　물론 20~30대부터 안정적이고 체계적으로 연금 투자를 이어왔다면 더없이 좋았을 것이다. 그러나 그렇지 않다고 해서 40~50대의 선택이 늦은 것은 아니다. 노후에 마르지 않는 현금 흐름을 만들기 위한 준비는 지금 시작해도 충분히 의미가 있다.

　　다만 몇 가지 전제가 있다.

　　첫째, 금융자산에 대한 부정적인 시각을 지워야 한다. 아니 제대로 알 필요가 있다. 금융자산이 무조건 주식은 아니다. 그리고 주식이라고 무조건 위험한 것은 아니다. 포트폴리오 구성법에 따라 투자자가 짊어지는 리스크는 천차만별이다. 부동산, 건물과 같이 손으로 만질 수 있는 자산은 아니지만 같은 효과를 낼 수 있다는 뜻이다.

　　둘째, 공부하는 자세를 견지해야 한다. 금융자산으로 스스로의 미래를 열어가기로 한 이상 하루에 적어도 2~3시간은 미래를 관리하는 데 써야 한다. 만약 작은 상가를 노후 대책으로 마련했다고 가정해보자. 사람을 써서 청소를 시키고, 임대계약을 맡길 수도 있겠지만 작은 빌딩의 건물주들은 대부분 스스로

잡무를 처리한다. 물론 공인중개사나 다른 전문가의 도움을 받는 경우도 있지만 손수 처리해야 할 업무가 적지 않다. 그만큼 공부가 필요하다. 금융자산 투자도 마찬가지다. 2~3시간 동안 유튜브를 봐도 좋고, 새로 나온 투자서를 읽어도 좋다. 투자라는 것은 많은 정보를 필요로 하고 시간이 지나면 알아서 체화가 되는 정보도 있기 때문에 시간을 들여 꾸준히 공부해야 한다.

셋째, 반드시 세무사와 증권사 PB를 알아두기 바란다. 연금의 핵심은 세금이다. 이 부분은 매우 복잡하고 전문적이다. 최근 변경된 연금소득세 관련 규정을 비롯해, 국민연금을 포함한 종합소득세 산정 기준, 그리고 금융자산에서 발생하는 배당에 따른 금융소득종합과세까지 함께 고려해야 한다. 세금 관련 지식을 습득해 하나하나 짚어가며 스스로 해결하는 방법도 있지만, 이 부분은 되도록 전문가에게 조언을 구하는 편이 효율적이라고 판단한다. 세무사와 PB에게 일을 맡기고 본인은 전체적인 관리에 신경을 쓰는 편이 낫다.

그리고 증권사 PB를 통해 새로운 상품과 트렌드를 꾸준히 업데이트한다면 보다 수월한 일처리가 가능하다. 금융자산은 대부분 투자상품인 경우가 많으므로 은행보다는 증권사가 유리하다. 지인의 도움을 받거나, 스스로 여러 곳의 지점에 방문해 꾸준히 관리해줄 의욕 있는 PB를 찾기 바란다. PB의 경우 한 번 인연을 트면 연금과 같이 수십 년을 함께 갈 수 있다.

넷째, 같이 걸어갈 동료를 찾아야 한다. 펀드매니저들은 대부분 팀을 이뤄 투자를 한다. 직장인으로서 업무를 분담하는 측면도 당연히 있지만, 그보다는 내가 내린 결정이 절대 정답이 아니라는 생각이 저변에 깔려 있기 때문이다. 그래서 펀드매니저들은 은퇴 후 전업 투자자로 돌아서더라도 사무실을 얻어 같이 일하는 경우가 많다. 물론 아마추어로서 이러한 팀을 꾸리기는 어렵겠지만, 적어도 같은 목표를 지향하는 사람들과 꾸준히 연락을 주고받으며 피드백을 받아야 한다는 뜻이다. 친구도 좋고 선배도 좋다. 마땅한 동료가 없다면 비슷한 생각을 가진 사람들이 있는 온라인 커뮤니티를 찾아도 된다. 내 생각이 100% 옳지 않다는 것을 매일 확인할 수 있으면 된다.

다시 한번 강조하지만 아직 늦지 않았다. 공부하면 금융자산도 부동산과 같은 효과를 낼 수 있다. 아니 오히려 더 나을 수 있다. 내 노후를 금융자산으로 준비한다는 것은, 전 세계의 흐름을 꾸준히 업데이트하며 세상과의 연결을 유지하는 중요한 선택이다. 때로는 피곤하고 스트레스를 받을 수도 있지만 수십 년간 지속한 직장생활에 비할 바는 아닐 것이다. 급할 것도 없고 아쉬울 것도 없다. 적게 벌면 적게 쓰면 될 일이고, 욕심을 버리면 오히려 직장을 다닐 때보다 더 나은 생활을 할 수도 있다.

이러한 생각들은 첫 번째 저서인 『해외 주식투자의 정석』에 신중히 녹인 바 있다. 물론 이후 『해외주식 투자지도』 『나는 당신이 달러 투자를 시작했으면 좋겠습니다』를 쓸 때도 비슷한 마음이 저변에 있었다. 그러다 시간이 흐르며 저자 역시 나이를 먹었고, 먼저 은퇴한 선배들이 점점 외로워지는 모습을 가까이에서 지켜보게 되었다. 그 과정에서 막연한 조인이 아니라, 실제로 노후 대비에 도움이 될 보다 현실적인 책이 필요하다는 생각이 들었다.

금융의 최전선에서 일하는 글로벌 펀드매니저로서, 국내에 소개된 상품보다 훨씬 폭넓은 글로벌 금융상품을 접한 경험 역시 이 책을 쓰게 된 이유다. 내가 보고, 고민하고, 검증한 것들이 누군가에게는 분명 도움이 될 수 있으리라 믿었다. 이 책을 읽을 독자를 필자의 동료이자 선배라 생각하며, 그들과 함께 삶의 여건을 고민하는 마음으로 다시 펜을 들었다.

이 책에는 여러 등장인물이 등장한다. 건너편에 앉은 직장 동료, 만나면 부동산이나 주식 이야기로 시간을 보내는 오랜 친구, 은퇴를 앞두고 밤잠을 설치는 선배, 시간과 복리의 힘을 깨닫지 못한 채 방향을 잃은 신입사원까지. 모두 우리의 일상에서 쉽게 마주칠 수 있는 얼굴들이다. 비록 가상의 인물을 포함하지만 이보다 더 현실적일 수는 없다. 때로는 그들 가운데서 자신의 모습을 발견하게 될지도 모른다. 중요한 것은 그들의 이야기를 남의 일로 넘기지 않고 삶을 돌아보는 계기로 삼는 것이다. 이 책이 그 변화의 출발점이 되기를 바란다.

끝으로, 상사맨이던 시절에 만나 펀드매니저로서 은퇴를

설계하기까지 긴 시간 함께해준 아내 이경민 박사와, 타국에서 더 나은 미래를 꿈꾸고 있는 두 딸 지우와 연우에게 감사의 마음을 전한다. 그리고 아직도 내가 출연하는 방송과 기고를 꼼꼼히 챙겨보시는 부모님과 표현하지는 않지만 항상 응원해주는 동생 황유현 교수에게도 감사의 마음을 전한다.

황호봉

· 목차 ·

서문 지금이 가장 빠른 때입니다 　　　　　　　　　　　 ◦ 004

1장

시작하라, 연금 투자

왜 금융자산인가? 　　　　　　　　　　　　　　　 ◦ 021

노후 설계 3종 세트: 연금저축, IRP, ISA 　　　　　 ◦ 032

투자의 재료 　　　　　　　　　　　　　　　　　 ◦ 051

자산배분과 리밸런싱 　　　　　　　　　　　　　 ◦ 072

해외 투자의 2가지 방법 　　　　　　　　　　　　 ◦ 085

2장

평생 마르지 않는 돈의 흐름 만들기

그래서, 왜 300만 원일까?	○ **099**
연금계좌라는 그릇부터 채워라	○ **105**
따박따박 월배당 설계하기	○ **115**
고배당에서 답을 찾다	○ **125**

3장

마법의 연금 포트폴리오 ①

손실을 막는 구조 만들기 ◦ 139

나의 월급 복원 포트폴리오 ① ◦ 151

나의 월급 복원 포트폴리오 ② ◦ 162

시장의 위험신호 감지하기 ◦ 168

위험신호에 대응하라 ◦ 177

마법의 연금 포트폴리오 ②

나이 50에 연금을 다 소진한 차부장   ○ 189

내 집은 있으나 퇴직금이 없는 오이사   ○ 206

퇴직금만 딸랑 남은 이부장   ○ 214

똘똘한 한 채의 이면, '하우스 푸어' 박부장   ○ 246

퇴직금도, 집도 있지만 걱정이 큰 최센터장   ○ 256

퇴직금 없는 자영업자 김사장   ○ 263

종문 당신의 노후가 행복하기를 바라며   ○ 272

1장

시작하라,
연금 투자

왜
금융자산인가?

직장인 A는 최근 원치 않은 퇴직을 맞았다. 이제 막 수능을 치른 고3 딸과 중2 막내아들을 떠올리면 아직 한참 더 벌어야 할 나이였다. 다행히 회사가 제시한 희망퇴직 혜택과 수십 년간 차곡차곡 쌓은 퇴식금 덕분에 딩장은 생계에 대한 불안이 크지 않았다.

퇴직 이후에도 삶은 계속된다. A는 목돈과 대출을 끌어 모아 꼬마빌딩을 매입했다. 장기 임대계약이 이미 맞춰져 있었고, 주변에서도 "노후 대비로 잘 선택했다"는 말을 아끼지 않았다. 처음 한두 해는 예상대로 꼬마빌딩에서 꾸준한 현금흐름이 창출되었다. 하지만 불황의 한파가 몰아치며 상황은 급변했다.

1층 상가 임차인의 가게가 문을 닫았고, 설상가상 다른 층에 살던 세입자마저 계약 만기 이후 연장을 하지 않겠다고 통보해왔다. 공실이 늘어나는 동안에도 매달 꼬박꼬박 나가는 은행 이자가 A의 숨통을 조였다. 여기에 큰딸의 대학 등록금과 둘째의 학원비까지 더해지자, 허리띠를 졸라매는 수준으로는 감당할 수 없는 상황에 이르렀다.

수십 년간 근면성실하게 직장생활을 해온 A. 그는 선배들처럼 부동산 투자로 노후를 준비했을 뿐인데 현재의 삶은 '안정적인 노후'와는 거리가 먼, 벼랑 끝에 서 있다.

A는 무엇을 잘못한 것일까? 그리고 이 상황에서 그는 무엇을 해야 하는 걸까?

A가 겪고 있는 고충은 우리네 주변에서 쉽게 볼 수 있는 이야기다. 내 주변에도 비슷한 사례가 있다.

수년 전 친한 선배가 명예퇴직을 했다. 당시 애들이 중학생이어서 매달 들어가는 학원비와 생활비 등을 감당해야 했기에, 회사를 떠나는 것은 쉽지 않은 선택이었다. 다행히 퇴직금이 생각보다 많았고, 20년 이상 직장생활을 하며 모은 돈도 적지 않았다. 선배와 함께 소주를 기울이며 이후의 삶에 대해 논하는데, 선배는 작은 다세대주택에 노후를 걸기로 했다고 말했다. 직장에서 받던 월급에 비할 바는 아니지만 비슷한 현금흐름을 만들기 위함이었고, 중심지는 아니어도 서울은 서울이니 땅값이 떨어지기야 하겠냐는 생각이었다.

당시 정부는 주택 공급에 인색했지만, 임대사업자를 우대하는 정책을 추진했기에 큰 무리가 있는 결정은 아니라고 생각했다. 그러나 얼마 뒤 '전세 사기' 이슈가 불거졌다. 서민들의 전세금을 가로채는 몰상식한 범죄가 일어났고, 전세금이 전부인 사람들의 통곡소리가 TV 화면을 뚫고 나오는 듯했다. 모든 사람이 피해자들의 이야기에 주목했고, 피해자의 억울함을 달래줄 사회적 합의가 이뤄지는 분위기였다.

문득 뉴스를 보면서 그 선배의 사정이 떠올랐다. 한두 달 뒤 연락이 닿았는데 아니나 다를까 큰 고통에 시달리고 있었다. 몇

세대가 전세 만기가 다가오니 연장을 안 하겠다고 한 것이다. 불안한 분위기가 조성된 결과였다. 기존의 임차인이 나가게 되자, 임대인인 선배는 전세금을 내주기 위해 새로운 임차인을 구해야 했다. 하지만 전세 사기로 뉴스가 도배되던 상황에서 새로운 임차인을 구하기란 너무나도 어려운 일이었다. 대출도 쉽지 않았다. 부동산을 담보로 한 대출이 다른 주택 구입 자금으로 쓰일 가능성을 우려해, 은행 측에서 보수적인 입장을 취했기 때문이다.

결국 선배는 지인과 제2금융권에서 돈을 조달해 기존 임대인들을 내보냈다. 여차저차 문제를 해결한 이후에는 고금리가 선배를 압박했다. 결국 이자를 벌기 위해 백방으로 뛰어다니며 이런저런 부업을 하는 상황까지 이르렀다. 잘못하면 가족의 인생이 걸린 다세대주택을 빼앗길 수도 있었다.

과거 고학력·고임금 직장인의 꿈은 퇴직하면서 꼬마빌딩을 사는 것이었다. 건물주가 되어 마르지 않는 현금흐름을 만드는 것이 그들의 주된 니즈였고, PB들은 적당한 건물을 알아봐주는 서비스도 제공했던 것으로 기억한다. 메인 사업은 아니었지만 그만큼 대한민국의 노후는 부동산에 초점이 맞춰져 있다고 해도 과언이 아니었다.

수익형 부동산에서 가장 중요한 것은 '따박따박' 나오는 현금흐름이다. 원금은 안전해야 하고 현금흐름은 은행 이자보다 많아야 한다. 욕심을 더하면 원금까지 불어나야 한다. 그러한 로망이 부동산에 반영되었고, 부동산 시장은 그 로망에 부응했다. 그럼 지금까지 그러했듯이 앞으로도 꼬마빌딩이 과연 정답일까? 각종 규제와 세금 그리고 인구 감소로 수요 자체가 줄면서 일부 지역을 제외하고는 과거와 같은 흐름을 보여줄지 의문이다. 본래도 어려웠지만 이제 부동산은 정말 선수들의 영역이 된 듯하다.

노후 설계에서 핵심은 마르지 않고 꾸준히 들어오는 현금흐름이다. 그런데 건물에서 현금흐름이 끊기지 않으려면 무엇보다 공실이 없어야 한다. 수익형 부동산은 기대와 달리 항상 안정적인 현금이 창출되는 자산이 아니다. 임차인의 상황, 경기 흐름, 상권 변화에 따라 수익은 언제든 흔들릴 수 있다.

특히 요즘처럼 경기가 위축된 시기에는 상가 공실 문제가 심각하다는 기사를 어렵지 않게 접할 수 있다. 한때 안정적이라고 평가받던 상권조차 공실을 피하지 못하는 경우가 늘고 있다. 물론 "공실 걱정 없는 핵심 상권의 건물이면 괜찮지 않겠느냐?"

라는 반문도 가능하다. 그러나 현실은 냉정하다. 웬만한 자산가가 아니라면 그러한 핵심 입지의 건물은 접근 자체가 쉽지 않다. 높은 매입가와 대출 부담은 오히려 노후의 안정성을 해치는 요인이 되기 쉽다.

자산가가 아닌 일반적인 퇴직자가 퇴직금만으로 지나치게 오른 부동산 가격을 감당하기란 쉽지 않다. 결국 은행 대출을 받아야 하고, 이자 부담이라는 큰 리스크를 져야 한다. '따박따박'을 위해, 그리고 선배들의 성공 스토리를 바탕으로 스스로를 설득하면서 큰 대출을 감내한다.

사람들이 부동산에 집착하는 이유는 내 눈에 보인다는 점, 내 소유를 아주 직관적으로 증명할 수 있는 자산이라는 데 있다. '내 빌딩' '내 집'은 눈으로 보이니 흡족하고, 손으로 만져보면서 행복감을 느낄 수 있다. 통장 안에 있던 돈을 인출해서 지갑에 두둑하게 넣어보면 비슷한 만족을 느낄 것이다. 다시 말해 실체가 있다는 점이 부동산의 강점이다.

'집주인' '건물주'라는 '갑'스러운 명칭이 신분 상승의 느낌을 주는 것도 무시하지 못한다. 퇴직해도 건물주라고 자신을 소개하며 어깨를 펼 수 있고, 양복을 입지 않아도 모양새 빠지지 않고 갖춰진 느낌을 받을 수 있다.

하지만 정말 현금흐름만을 목표로 한다면 굳이 부동산이 필요할까? 실체가 있고, 어딘가 있어 보인다는 점을 제외하고 냉정하게 따져보자. 심리적 안정감과 꾸준한 현금흐름은 다른 곳에서도 찾을 수 있다. 쉽게는 정기예금을 월배당 펀드, ETF 등으로 바꾸는 것도 한 방법이다. '금융상품이 주는 인컴이 얼마나 되겠어?'라는 생각이 먼저 들지도 모른다. 하지만 건물을 매입할 수 있을 정도의 자산 규모라면 이야기는 달라진다. 포트폴리오 구성과 운용 전략에 따라 부동산 임대수익을 뛰어넘는 인컴을 추구하는 것도 불가능한 이야기가 아니다. 무엇보다 금융자산의 장점은 유연성이다. 공실을 걱정할 필요도 없고, 갑작스러운 수리비나 임차인 리스크에 잠을 설칠 이유도 없다.

손에 잡히는 실체가 있고, 남들 보기에 '있어 보이는 것'이 정말 그렇게 중요한가? 안정적으로 들어오는 현금흐름이 있다면, 지인들과의 만남을 주도하고 삶의 선백시를 넓히는 여유는 자연스럽게 따라온다. 꼭 건물주가 아니어도 금융자산을 통해 그와 유사한 '시간과 마음의 여유'를 충분히 누릴 수 있다.

생각의 전환이 필요하다. 물론 부동산에서 해법을 찾을 수도 있겠지만 그것만 고집할 필요는 없다는 뜻이다. 시각을 조금만 바꾸면 금융자산이 오히려 더 큰 버팀목이 될 수 있다.

디폴트옵션, 즉 DC형이나 IRP에서 퇴직연금 가입자가 매번 운용 지시를 하지 않아도 미리 정해둔 유형이나 상품에 자동으로 투자되는 제도가 2022년 도입되었다. 그 이후 가입자들의 운용 수익률은 눈에 띄게 개선되고 있다. 많은 이가 본업에 충실하면서도 가끔씩 퇴직연금 계좌를 확인하며 안도할 수 있게 되었다. 하지만 자금 운용에 직접 관여하지 않다 보니, 막상 은퇴를 앞두고 스스로 운용해야 하는 시점이 오면 오히려 막막함을 느끼는 경우가 적지 않다. 공부하고 시장에 대응하려는 최소한의 노력마저 미뤄두게 되면, 정작 혼자서 판단해야 할 순간에 어려움을 겪을 수밖에 없다.

그래서 은퇴를 앞둔 시점을 기준으로 최소 5년 전부터는 '자립적인 운용 능력'을 키우겠다는 관점이 필요하다. 50세에 시작해도 5년이면 충분하다. 자기만의 기준과 방법을 만들기에 결코 짧은 시간이 아니다.

뒤에서 소개할 연금저축, IRP, ISA와 같은 제도적 장치들도 분명 큰 도움이 된다. 그러나 궁극적으로 중요한 것은 상품이 아

니라, 스스로 현금흐름을 만들어내는 방법을 이해하고 익히려
는 노력이다.

금융자산이
적합한 이유

노후 설계를 금융자산 중심으로 해야 하는 첫 번째 이유는 쉽게
현금화할 수 있기 때문이다. 특별자산, 폐쇄형 펀드 등의 상품을
제외하고는 환금성이 있다. 노후에는 자녀의 결혼과 자립, 그리
고 부부의 병원비 등으로 목돈이 필요한 경우가 많다. 젊었을 때
애들 학원비와 생활비에 매달 시달렸다면, 노후에는 자녀의 자
립이라는 큰 폭탄이 기다리고 있다. 그때 부모로서 도움을 주고
싶다면 돈을 예측 불가능한 곳에 묶어놓는 것은 피해야 할 일이
다. 특히 부동산은 살 사람이 눈앞에 나타나야 수익이 실현되는
구조이기 때문에 운이 필요하다. 하지만 금융자산은 큰 어긋남
이 없다면 수일 안에 현금화할 수 있다.

주식이 좋은 점은 수익은 못 낼망정 팔지 못해 현금화를 못

하는 경우는 드물다는 것이다. 물론 큰 욕심에 위험하게 투자하면 거래 정지를 당하거나 원금이 5분의 1로 줄어 옴짝달싹 못하는 경우가 생기기도 하지만, 눈높이를 조금만 낮추면 그러한 리스크는 상당 부분 상쇄할 수 있다.

두 번째 이유는, 금융자산은 공개된 정보를 활용하는 것만으로도 충분히 투자가 가능하다. 물론 친구의 친구의 사촌의 남편이 모 제약회사 임상실험 결과를 넌지시 알려주거나, 특정 제조업체의 해외 수주 정보를 사전에 알 수 있다면 대박이겠으나 그러한 접근 방식은 위험하다. 사실 여부가 확인도 안 되고, 된다고 해도 나중에 문제가 될 수 있다. 회사가 말하는 비전, 회사가 속한 산업군의 방향성을 보고 투자해도 충분히 좋은 수익을 거둘 수 있다. 특히 미국주식은 더더욱 그러하다. 이는 퇴직자라고 해서 불리한 조건이 아니다. 현업을 떠났어도, 관련된 사람을 잘 몰라도 공시된 회사의 재무제표 및 사업보고서, IR 자료 등을 통해 충분히 가늠할 수 있다. 애널리스트 리포트나 좋은 블로그의 글을 참고할 수도 있다. 공개된 정보를 스스로 분석할 수 없다면 프로들의 해석을 참고하면 된다. 다만 정보가 많으니 변별하는 능력이 요구된다.

마지막으로 금융자산은 적은 돈으로도 포트폴리오를 구성할 수 있다. 리스크를 완화할 수 있다는 뜻이다. 퇴직금을 통째로 치킨집에 투자하면 조류독감이나 팬데믹으로 낭패를 볼 수도 있고, 좋은 상권의 건물일지라도 주변 환경 변화로 임대수익이 기대 이하로 내려갈 수도 있다. 꼬마빌딩을 매입한 A도 비슷하지 않았던가.

금융자산은 주식, 채권 또는 ETF, 펀드 등에 분산해 포트폴리오를 구성할 수 있고, 지역과 섹터까지 고려하면 안정성이 크게 올라간다. 크지 않은 돈으로도 얼마든지 분산 투자가 가능하니 평생 모은 소중한 자산을 관리하기에 비교적 적합하다고 생각한다.

노후 설계 3종 세트: 연금저축, IRP, ISA

"지금 노후 대비 안 하면 늙어서 고생한다" "시간과 복리의 힘을 믿고 뭐라도 시작해라" 등등 주변에서 귀에 못이 박히도록 잔소리를 들은 신입사원 B. 조언대로 연금 투자를 조금이라도 일찍 시작해볼까 고민하게 된다. 하지만 막상 알아보려니 연금저축, IRP, ISA부터 과세이연, 세액공제와 같은 낯선 용어가 줄줄이 등장해 당황한다. 하나같이 이해하기 어렵다.

학교에서 국영수만 배웠지 돈 공부는 제대로 해본 적이 없다. 이럴 바엔 그냥 직관적인 예적금이나 붓는 게 낫지 않을까 하는 생각도 든다. 그럼에도 선배들의 잔소리가 마음에 걸려 '한 번쯤 시도해볼까?' 싶어 인터넷 검색을 시작한다.

문제는 그다음부터다. 블로거마다, 유튜버마다 말이 다 다르다. 누군가는 "55세까지 돈을 묶는 건 말이 안 된다" "결혼, 내 집 마련 등 돈 들어갈 일이 산더미인데 왜 돈을 묻어두느냐"라고 말한다. 어떤 이는 "해외 직투로 250만 원 비과세 한도만 채우면 되지, 굳이 원화로 투자할 필요가 있느냐"고 주장한다.

연금 투자를 둘러싼 부정적인 의견도 넘쳐난다. 귀가 얇은 신입사원 B는 점점 더 혼란스러워진다. 무엇이 맞는 말인지, 어디서부터 시작해야 할지 도무지 갈피를 잡을 수 없다.

금융자산으로 노후를 설계한다고 했을 때, 많은 사람이 곧장 "무엇을 사야 하느냐?"부터 묻는다. S&P500이냐, 배당주냐, 채권

이냐, 월지급식이냐 자산의 '색깔'에 초점을 맞춘다. 그런데 막상 은퇴자의 삶에서 체감이 큰 것은 다른 쪽이다. 어떤 상품인지가 중요한 것이 아니라, 같은 상품을 사더라도 '어느 통장'에서 샀느냐가 중요하다. 통장이 바뀌면 세금이 바뀌고, 세금이 바뀌면 결국 따박따박 들어오는 연금의 규모가 달라진다.

신입사원 B는 우선 노후 설계 3종 세트(연금저축·IRP·ISA)부터 명확히 알아두고 구분할 필요가 있다. 이 셋은 얼핏 보면 비슷해 보여도 성격이 전혀 다르다. 절세계좌를 '상품'으로 보지 말고, 말 그대로 '계좌'로 볼 필요가 있다. 그 역할과 장단점을 정확히 알면 활용법이나 계좌의 의미가 달라지기도 한다.

가장 기본은
연금저축

연금저축의 장점은 한마디로 정리된다. 넣을 때 혜택이 눈에 보인다. 연말정산에서 '환급'이라는 형태로 체감이 오기 때문이다. 연금저축은 매년 납입액 중 연 600만 원까지 세액공제가 된다.

세액공제라는 말이 어렵게 느껴질 수 있는데, 쉽게 말해 내가 낼 세금을 바로 깎아준다는 뜻이다.

'공제'란 해당하는 항목만큼 정해진 금액을 빼주는 것을 말한다. 공제의 종류로는 소득공제(근로소득공제·종합소득공제)와 세액공제가 있는데, 결론적으로 이 두 공제액이 클수록 최종 납부 세금이 줄어든다. 세액공제는 세 번째이자 마지막 공제 절차

연말정산 공제 과정

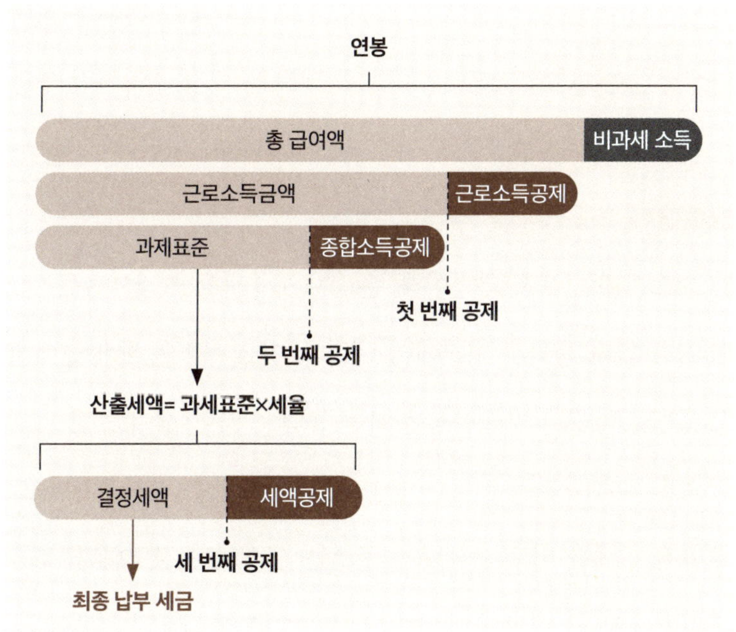

로, 산출세액(과세표준×세율)에서 세금을 한 번 더 깎아주는 개념이다. 소득공제는 공제 이후 세율이 곱해지므로 소득이 높을수록 감면 혜택이 높아지는 반면, 세액공제는 소득에 상관없이 해당 항목에 동일하게 감면해주고 마지막에 적용되기에 체감되는 혜택이 훨씬 크다.

연금저축의 공제율은 직관적이다. 소득 구간에 따라 다르긴 하지만 대략 13.2% 또는 16.5%(지방소득세 포함) 수준이다. 예를 들어 연금저축에 600만 원을 넣으면 어떤 사람은 79만 원 정도를 돌려받고, 어떤 사람은 99만 원 정도를 돌려받는 식이다. "투자로 1년에 80만~100만 원 정도를 확정 수익처럼 챙길 수 있는가?"라는 질문을 던져보면 연금저축의 매력이 좀 더 선명해진다.

또 하나는 운용 과정이다. 은퇴자에게 보통 계좌의 힘은 '한 방'이 아니라 복리의 시간에서 나온다. 연금저축은 계좌 안에서 이것저것 바꾸고 리밸런싱을 하는 동안 수익이 생겨도 당장 세금으로 새어 나가지 않는다. 물론 언젠가 세금은 정리되지만, 그때까지 과세를 뒤로 미뤄주는 구조는 생각보다 강력하다. 부동산처럼 거래할 때마다 비용이 확 튀어나오는 구조가 아니라는 점도 은퇴자에게는 큰 장점이 된다.

대신 조건이 있다. 말 그대로 '연금'이니까 연금답게 받으면 유리하고, 연금답게 받지 않으면 불리해진다. 만55세 이후 나이에 따라 3.3~5.5% 수준의 연금소득세(지방소득세 포함, 인출 순서 존재, 납입 성격에 따라 세금이 달리 적용)로 비교적 낮게 과세된다. 중도해지처럼 '연금의 규칙'을 깨는 방식으로 돈을 빼면 훨씬 높은 세율이 붙을 수 있다. 즉 연금저축은 연금으로 받을 마음이 있다면 넣는 순간부터 이익이 시작되는 통장이다.

참고로 여기서 말하는 연금저축은 '연금저축펀드'를 의미한다. 연금저축계좌는 증권사를 통해 가입하는 연금저축펀드와 보험사를 통해 가입하는 연금저축보험, 은행이 운용하는 연금저축신탁으로 나뉜다. 이 중 연금저축신탁은 2018년부터 신규 가입이 중단되었으니 제외하고, 연금저축펀드와 연금저축보험의 차이는 쉽게 말해 전자는 '투자로 운용되고' 후자는 '이율로 굴러가는' 구조다.

연금저축보험은 공시이율을 바탕으로 적립금이 쌓이는데, 공시이율은 보험사가 시중금리와 연동해 고객에게 지급하는 이자율로, 보험개발원에서 공표하는 공시기준이율 기준으로 상품별로 다르게 적용된다. 금리가 하락하더라도 일정 수준 이상을 보장하는 '최저보증이율' 제도가 적용된다. 이렇게만 보면 장점만 있는 것 같지만 최근 공시된 2026년 연금저축보험 평균 공시이율은 2.5%에 불과하다. 무엇보다 납입액에 이러한 공시이율이 바로 적용되는 것이 아니라, 사업비를 떼고 남은 금액에 대해서만 공시이율이 적용된다. 이러한 선취 구조로 인해 초기에는 이자를 받아도 떼인 사업비를 메우기 벅찰 수 있다.

연금저축보험의 가장 큰 문제는 가입자가 직접 운용하는 게 불가능하다는 것이다. 장기 저축의 의미는 있지만, 10년 넘게 부어도 원금에 이자가 조금 더해진 수준이니 '그냥 이 돈으로 주식이나 ETF를 살 걸' 하는 생각이 절로 든다.

이미 연금저축보험에 가입한 상태라면 무조건 손해를 감수하고 해지해야 하는 걸까? 아니다. 연금계좌 이전 제도를 이용하면 된다. 연금저축보험을 연금이 개시되기 전에 해지하면 그간 받은 세액공제 혜택이 환수되는 등 불이익이 있으므로, 연금저축보험을 연금저축펀드로 이전하는 것이 좋다. 이 경우 중도 인출로 간주하지 않아 세제상 불이익이 없고, 기존의 세제 혜택도 그대로 이어받을 수 있다.

IRP로 세제 혜택을
한 단계 더 확장하라

IRP(개인형퇴직연금)는 계좌 자체에 '퇴직'이라는 이름이 붙어 있다. 사실 많은 사람에게 IRP는 '추가로 만드는 통장'이 아니라, 퇴직금이 들어오면서 현실이 되어버리는 통장이다. 그래서 IRP를 다룰 때는 감정이 섞인다. '내 20년, 30년이 이 안에 들어왔다'는 느낌이 든다. 그 숫자가 얄팍해 보이는 순간도 있지만, 반대로 이제 이 숫자를 어떻게 굴리느냐에 따라 내 삶의 질이 달라질 수도 있다. 물론 이직을 여러 번 경험했다면 IRP를 가지고 있다 하더라도 마지막에 다닌 직장의 퇴직금 정도만 남아 있는 경우가 많다. 그래서 사실 한 직장을 오래 다닌 사람, 아니면 이직을 많이 했더라도 퇴직금을 쓰지 않고 지킨 사람들의 과실이라고 볼 수도 있다.

의미야 어쨌든 IRP의 첫 번째 매력은 연금저축과 결합될 때 나온다. 연금저축만으로는 세액공제 한도가 연 600만 원이지만, IRP를 함께 활용하면 두 계좌를 합쳐 연 900만 원까지 세액공제가 가능해진다. 물론 이건 연금저축과 마찬가지로 보유할 때

받는 혜택이다. 실제로 은행들은 매년 11월이 되면 연금저축에 600만 원을 채우고 IRP에 300만 원을 추가 납입해 합산 900만 원 세액공제 한도를 꽉 채우자는 캠페인을 실시한다.

공제율은 연금저축과 동일하게 13.2% 또는 16.5% 수준이 적용된다. 장기적으로 보면 은퇴 준비에서 '확정적으로 절약되는 돈'은 그 자체로 강한 수익률이다. 손익 그래프가 오르락내리락해도 연말정산 환급은 비교적 안정적으로 체감된다.

여기까지는 몸 풀기로 '넣을 때'만의 이야기다. IRP는 당장의 세액공제도 좋지만 '굴리는 동안'이 더 중요한 통장이다. 특히 최근 몇 년 사이 퇴직연금은 가장 큰 변화를 겪었다. 디폴트옵션(사전지정운용제도)이 적용되었기 때문이다. 디폴트옵션이란 쉽게 말해 가입자가 매번 이걸 사라, 저걸 팔아라 운용 지시를 하지 않아도 미리 정해둔 방법에 따라 자금이 자동으로 굴러가게 만드는 장치다. 바쁜 직장인에게 꽤 좋은 제도다. 퇴직연금 계좌를 사실상 방치해두고도, 아주 보수적인 원리금 보장에만 묶여 있던 돈을 좀 더 '운용'하기 수월해졌기 때문이다.

다만 은퇴자 관점에서는 여기서 한 번 더 생각이 필요하다. 디폴트옵션이 해주는 일은 '투자의 자동화'지 '노후 설계의 자동화'는 아니다. 자동으로 굴러가고 있다는 사실이 오히려 사람을 안심시키기 쉽다. 그러다 보면 내 돈이 어떤 자산으로, 어떤 위험을 가지고 움직이는지를 점검하지 않게 된다. 은퇴가 가까워질수록 이 점검은 더 중요해진다. 퇴직연금이 자동으로 운용된다고 해서 은퇴자의 고민이 뚝딱 해결되는 것은 아니다. 어느 시점부터 월급을 대체할 현금흐름을 만들 것인지, 어느 수준의 손실까지 감내할 수 있는지, 예상치 못한 목돈 지출 가능성은 없는지 등은 가입자 스스로 판단해야 할 변수다.

IRP는 다른 계좌에 비해 구조적으로 더 연금스럽다고 볼 수 있다. 그래서 운용에서 완전히 자유롭지 않으며 규칙과 안전장치가 붙어 있다. 이러한 부분이 불편하기도 하지만 은퇴자에게는 오히려 도움이 될 때가 많다. 사람이 가장 위험해지는 순간은 의욕이 넘쳐서 크게 베팅할 때가 아니라, 불안해서 원칙을 잃을 때다. IRP는 그런 흔들림을 줄여주는 중심축 역할을 한다.

그리고 IRP는 퇴직금과 연결되어 있나 보니 '받는 방식'에 따라 세금의 모습이 달라질 수 있다. 퇴직금을 IRP로 옮겨서 연금 형태로 오래도록 나눠 받는 방식이 세금 면에서 유리한 것은 맞다. 다만 여기에는 개인별 상황이 얽힌다. 은퇴 후 소득구조,

국민연금 수급 시점, 필요한 생활비 규모, 가족의 의료비 변수 등 고려해야 할 요소가 많다. 이러한 관점에서 볼 때 IRP는 퇴직금을 안전하게 담아두는 그릇이자, 은퇴 5년 전부터는 '내 기준'에 따라 운용 전략을 조정할 수 있는 연금계좌이자, 자동 운용이 필요하다면 디폴트옵션을 활용할 수도 있는 효율적인 도구다.

앞서 언급한 디폴트옵션에 대해 좀 더 자세히 알아보자. 디폴트옵션은 '오토파일럿'이지만 핸들은 내 손이 닿는 곳에 있다. 가입자가 따로 운용 지시를 하지 않을 때만 작동하는 '자동모드'로, 신규 가입 후 일정 기간 운용 지시가 없거나 기존 상품 만기 뒤에 지시가 없으면 지정된 방식으로 운용이 시작된다. 하지만 자동운전이 시작되었다고 해도 원하면 언제든지 내가 직접 다른 상품을 원하는 비율로 운용할 수 있다. 디폴트옵션은 내 결정을 막아서는 벽이 아니라, 내가 아무것도 안 했을 때 대신 굴려주는 발판에 가깝다. 퇴직연금 사업자가 디폴트옵션 구성을 바꿔야 하는 상황이 생기면 승인 절차를 거친 뒤 변경 내용을 가입자에게 통지해야 하고, 가입자는 원치 않으면 다른 상품으로 바꿀 수 있다.

결론적으로 디폴트옵션은 편하게 알아서 굴러가도록 도와

주는 장치지만, 은퇴가 가까워질수록 내가 원하는 현금흐름·변
동성·인출 계획에 맞춰 '핸들을 잡는 시점'을 정해야만 한다. 자
동이라 해도 운전석에 앉아서 모니터링할 책임이 있는 것이다.

유동성 있는
완충지대, ISA

ISA는 엄밀히 말하면 연금저축이나 IRP처럼 '연금'이라는 이름
이 붙어 있지는 않다. 그런데 ISA가 노후 설계 3종 세트에 들어
가는 이유는 오히려 연금계좌가 아니기 때문에 그렇다. 연금저
축과 IRP는 규칙이 있고, 규칙이 있는 만큼 중간에 마음대로 움
직이기가 어렵다. 반면 은퇴자에게는 예상치 못한 목돈이 필요
해지는 순간이 분명히 온다. 자녀 결혼, 부모 봉양, 병원비 등 노
후에는 폭탄이 없을 것 같지만 사실 젊을 때보나 더 큰 폭탄이
터질 때가 많다.

ISA의 장점은 운용 수익에 대한 세금 혜택이 비교적 직관적
이라는 점이다. 기본적으로 ISA는 만기(또는 일정 요건) 이후 해

지할 때, 계좌에서 벌어들인 이익 중 일반형은 200만 원까지 비과세, 서민형은 400만 원까지 비과세 혜택을 받는다. 그 초과분은 9.9%로 분리과세(지방소득세 포함)되는 구조다.

여기서 은퇴자에게 중요한 포인트가 하나 더 있다. ISA는 계좌 안에서 발생한 손익을 합산해서 순이익 기준으로 세금을 계산한다. 즉 A상품에서 이익이 나고 B상품에서 손실이 났다면, 이것을 따로따로 세금을 매기는 게 아니라 합쳐서 정리한다. 은퇴자 입장에서 운용을 정리한다는 것은 곧 마음을 정리하는 일이기도 하다. ISA는 그런 점에서 실용적인 통장이다.

이 손익통산에 대해 좀 더 자세히 알아보자. 만약 A펀드에서 300만 원 손실, B예금에서 300만 원 이익, C주식에서 300만 원 이익이 발생했다고 가정해보자. 일반계좌에서 투자했다면 손익통산이 적용되지 않기 때문에 이익금 600만 원에 고스란히 15.4% 세금이 부과된다. 반면 ISA 일반형 계좌에서 투자했다면, 600만 원 이익이 있어도 300만 원 손실이 차감되었을 것이다. 이에 따라 300만 원에 대해서만 세금이 부과되는데, ISA계좌 일반형은 200만 원 비과세 혜택이 적용되므로 300만 원에서 또 200만 원이 공제된다. 즉 남은 100만 원에 대해 세금이 적용되

ISA 손익통산 예시

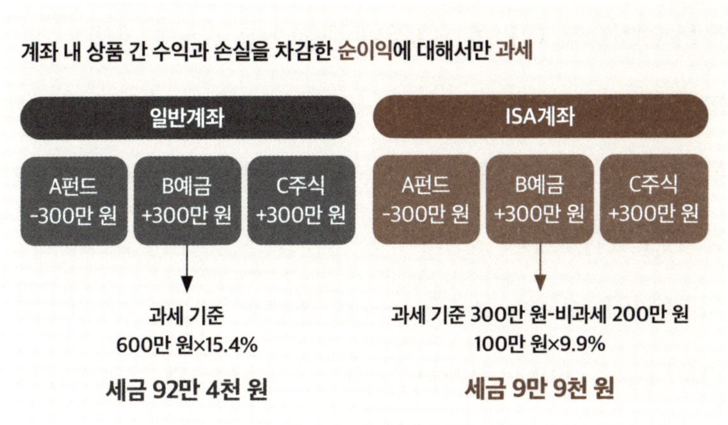

며, 이마저도 9.9% 낮은 세율이 적용된다.

일반계좌의 세금은 92만 4천 원, ISA계좌의 세금은 9만 9천 원이다. 만일 ISA계좌가 일반형이 아닌 서민형이었다면 비과세 혜택은 200만 원이 아닌 400만 원이므로, 세금은 아예 나오지 않았을 것이다. 이제 ISA계좌의 힘이 실감되는가?

연금저축과 IRP는 노후자금으로 쓰이는 상력한 무기다. 대신 그만큼 연금답게 굴려야 유리하고, 마음이 급해져서 규칙을 깨는 순간 불이익이 커진다. 연금답게 굴리도록 디자인되어 있다 보니 연금계좌만으로 모든 돈을 설계하면 리스크에 취약해지기 쉽다. 완충 장치 하나쯤 옆에 두는 편이 훨씬 현실적이다. 특히 중개형 ISA가 그 대표적인 상품인데, 스스로 상품을 정하고 투자하되 ISA계좌의 혜택을 모두 볼 수 있어 좋다. 국내주식, ETF 등을 모두 활용할 수 있기 때문에 은퇴자로서 자립성을 키울 수도 있다.

다만 명심해야 할 것은 ISA는 그릇의 크기가 정해져 있다. 현 기준으로 연간 2천만 원, 그리고 누적 최대 1억 원(의무가입기간 3년, 최대 5년 누적 한도)까지 납입할 수 있다. 어떤 해에 한도를 다 못 채웠다면 미사용 한도를 이월해 납입할 수 있다. 그래서 ISA는 '지금 당장 큰돈이 없어서'가 아니라, 그릇을 열어두기 위해서라도 미리 만들어두는 사람이 많다. 직장인만이 ISA계좌를 열 수 있기 때문에 직장에 다닐 때 열어둬야 한다.

ISA는 기본적으로 의무가입기간 3년을 전제로 설계되어 있고, 그 기간을 채우지 못하고 깨는 순간(중도해지 등) 세제 혜택이 흔들릴 수 있다. 다만 납입 원금 범위 내에서 중도인출이 가능하기 때문에 필요한 돈이 있다면 원금에서 인출할 수 있다. 물론 인출했다고 해서 납입 한도가 다시 복원되지는 않는다. 즉 ISA는 '급전 통장'이 아니라 필요할 때 연금의 원칙을 지키기 위해

쓰는 '완충 통장'이다.

마지막으로 ISA는 연금으로 이어지는 다리이기도 하다. ISA 만기 자금을 만기 후 60일 이내에 연금계좌(연금저축·IRP)로 옮기면, 전환액의 10%(최대 300만 원)가 추가로 세액공제된다. 결국 ISA는 연금에 다 넣기엔 불안한 돈을 담아두고, 시간이 지나 준비가 되면 연금으로 이사시키면서 혜택을 한 번 더 챙길 수 있는 구조다.

지금까지 소개한 3가지 핵심 계좌를 이해하고 활용함으로써 은퇴 설계가 이뤄진다. 특히 은퇴를 앞둔 지천명의 나이에 준비를 시작한다면 절세계좌는 더더욱 필수적이다. 3개 계좌를 각자의 용도에 맞게 활용하면 은퇴 설계가 단순해진다.

정리해보자. 연금저축은 '나의 노후통장'을 만들면서 납입 시점에 세액공제로 즉시 혜택을 체감하는 기본 계좌다. IRP는 퇴직금을 담는 금고이자, 연금저축과 함께 세액공제 한도를 확장시키는 계좌다. ISA는 유동성을 확보하면서 운용 수익의 세금을 줄이고, 필요하면 연금계좌로 이어주는 수단도 된다.

노후 설계 3종 세트

구분	연금저축	IRP	ISA
역할	내 연금의 기본 뼈대	퇴직금 금고+추가 절세	유동성 완충 +운용 수익 절세
가입 대상	소득 없어도 가능	소득 있는 고객(근로자, 개인사업자도 가능)	근로자, 사업소득자(15세 이상 청소년도 조건 충족 시 가능)
		퇴직자 (퇴직금 수령 60일 이내)	일반형, 서민형, 농어민형으로 구분 (직전 3개년 중 금융종합과세 해당이면 가입 불가)
세제 혜택	세액공제 연 600만 원 한도	세액공제 연금저축과 합산 시 900만 원 한도	세액공제 없음 (핵심은 운용 수익 절세)
	IRP와 합산 시 900만 원까지 세액공제 한도		
납입 한도	1,800만 원(연금저축, IRP 합산 시)		연간 2천만 원, 5년간 1억 원
세액공제율 (대표)	총급여 5,500만 원 이하 16.5%, 초과 13.2% (지방세 포함)	총급여 5,500만 원 이하 16.5%, 초과 13.2% (지방세 포함)	해당 없음
운용 중 과세	계좌 내 매매 및 리밸런싱 동안 과세이연	계좌 내 매매 및 리밸런싱 동안 과세이연	계좌 내 손익통산 후 순이익 기준으로 과세(절세에 유리)

수령·해지 시 과세 (핵심)	가입 후 5년 유지, 55세부터 수령 가능	가입후 5년 유지, 55세부터 연금 수령 가능	3년 유지 후 해지 시 순이익 200만 원 (서민형·농어민형 400만 원) 비과세, 초과분 9.9% 분리 과세
	연금으로 받으면 3.3~5.5%(연령별), 이전 수령 시 16.5% 등 불리	연금으로 받으면 3.3~5.5%(연령별), 퇴직금과 연결, '받는 방식' 설계 중요	
유동성	'연금'답게 묶이는 편 (중도해지 불리)	중도인출 제한이 강한 편	상대적으로 유동성 좋음 (완충 역할)
대표 장점	펀드, ETF, 리츠 등 다양한 국내 상장 상품에 투자 가능	공제 한도 확장+퇴직금 관리의 중심축	비과세·저율 과세+손익통산 +만기→연금 전환 보너스
	연말정산 환급 체감, 연금 수령 시 저율 과세		중개형 ISA의 경우 운용 용이
대표 단점	중도해지·연금 외 수령 시 세금 손해	위험자산 투자 한도 70%로 운용 제한	의무기간(보통 3년) 등 조건이 있고, 향후 제도 변경 가능
		주식 비중 40% 초과인 펀드나 ETF, 국채를 제외한 나머지 채권, 리츠 등은 전체 자산 중 70%로 제한	

부동산이 '내 눈앞의 실체'로 안정감을 줬다면, 이 3개 계좌는 '명확한 역할과 구조'로 안정감을 준다. 은퇴 이후의 안정감은 결국 기분이 아니라 구조에서 나온다. 구조가 있으면 흔들리지 않는다. 흔들리지 않으면, 시장이 출렁여도 원칙을 지킬 확률이 높아진다. 그리고 원칙을 지키는 사람이 노후 투자에서 이긴다.

이제 다음 단계로 넘어가보자. 제도와 계좌를 공부했다면 재료를 알아볼 필요가 있다. 은퇴자에게 허용되는 재료는 생각보다 제한적이다. 환금성, 변동성, 신용위험 등을 검토해야 하는데 가장 중요한 것은 역시 팔아야 할 때 팔 수 있는 환금성이다. 이 통장들 안에서 어떤 자산을 피해야 하고, 어떤 자산을 활용해야 하는지 알아보자.

투자의
재료

은퇴를 앞둔 C부장은 연금계좌를 들여다볼 때마다 한숨이 나온다. 남들이 좋다던 ETF와 주식형 펀드에 높은 비중으로 투자했는데, 은퇴를 코앞에 둔 현재까지 수익률은 고만고만하거나 오히려 마이너스다. 오를 때 화끈했지만, 떨어질 때도 가차 없었다. 퇴직은 눈앞인데 연금계좌는 줄줄이 빨간불이다.

C부장의 실수는 무엇이었을까? 문제는 생애주기에 맞는 변동성 관리에 실패했다는 점, 즉 포트폴리오 리밸런싱을 하지 않았다는 데 있다. 젊을 때는 위험자산 비중을 높여도 된다. 은퇴까지 시간이 충분하기 때문이다. 시장이 흔들려도 기다릴 여유가 있다. 하지만 은퇴가 가까워질수록 전략은 달라져야 한다. 이제 목표는 '텐베거'가 아니라 '월급 복원'이어야 한다. 큰 수익을 노리는 공격적인 섹터보다, 변동성 낮고 꾸준한 성과를 내는 자산의 비중을 높여야 한다.

연금은 한 방을 노리는 계좌가 아니다. 흔들림 없이 현금흐름을 이어가기 위한 준비된 자산이어야 한다.

첫째도, 둘째도
환금성

앞서 노후 자산관리를 금융상품으로 해야 하는 이유로 환금성을 언급했다. 몇 번을 강조해도 지나치지 않다. 하지만 금융상품이라고 해서 모든 상품이 언제든 현금으로 바꿀 수 있는 것은 아니다. 특히 고정적 현금흐름을 강조하는 폐쇄형 펀드, 좀 더 자세히 말하면 국내외 부동산이나 특정 시설 등에 투자해 은행의 정기예금과 같은 느낌을 주는 펀드가 대표적이다. ELS와 같이 기초자산의 가격에 따라 조건부로 수익을 지급하는 상품도 적절하지 않다. 언뜻 보면 매력적인 선택지 같지만 사실 기초자산의 가격이 급락할 경우 원금 손해가 불가피하기 때문에 리스크를 가늠하기가 쉽지 않다. 은행 이자보다 좀 더 받으려다가 큰코다칠 수 있다.

특히 안전한 은행 이자에 길들여진 사람들은 원금이 보장되는 정기예금을 선호한다. 그래서 은행의 높은 이자를 찾아 저축은행을 찾는 등 제도권 은행에서 갈증을 해결하려 한다. 그런데 은행 창구에서 제안하는 ELS 등의 상품에, 숨겨진 리스크를 충분히 이해하지 못한 채 목돈을 넣는 사례가 적지 않다. 은행 역시 나름의 내부 기준과 심사를 거쳐 예금 외의 다양한 금융상품을 검증하고 권유하는 것이지만 문제는 상품의 구조가 아니다. 그것을 받아들이는 소비자의 인식에 있다.

누가 시키지 않아도 머릿속으로 정기예금 이율과 비교하게된다. 그리고 '따박따박' 이자가 나온다는 말이 눈길을 사로잡는다. 그 안에 도사린 '조건만 충족하면' 안정적이라는 표현을 자기 좋을 대로 '원금 보장'과 비슷한 이미지로 연결한다. 특히 원금 보장 상품을 주로 다루는 은행이라는 공간의 신뢰가 더해지면서, 위험이 내재된 투자상품임에도 예금과 비슷한 안전성을 지닌 것처럼 느껴지기 쉽다.

상품은 분명 투자상품인데 소비자의 마음속에는 예금과 비슷한 범주로 분류되어버리는 것이다. 이 작은 인식의 차이가, 나중에 큰 손실과 후회로 이어지기도 한다. 그래서 은행도 특별히 더 조심하는 모습을 보이지만 '고객'의 자유로운 신경계를 모두 신경 쓸 수는 없는 것 같다.

투자를 업으로 하는 입장에서 보면, 고정적으로 또는 정기적으로 수익을 분배하는 상품 운용은 매우 어렵다. 현금흐름과 기간을 맞출 수는 있겠지만, 투자한 원금의 가치가 시장의 움직임에 따라 흔들리기 때문에 그 변동성을 제어하며 이율을 만들어내는 일은 난이도가 높다. 특히 높은 이율과 안정성이 요구된다면 불가능에 가까운 '소설'이 된다. 물론 일단 고객 자금에 기간을 정해 묶어놓으면 할 수 있는 일이 많아진다. 상품 운용자 입장에서는 운용기간을 장기로 확정함으로써 투자하는 자산의 시장 가치와 시간 가치를 모두 긍정적으로 더할 수 있기 때문이다.

예를 들어 장기적으로 성장할 기업의 주식과 채권에 투자한다면 그 자산들이 당장 내일 상승할 가능성과 1년 안에 상승할 가능성 중 후자가 훨씬 높다. 그 기한이 1년이 아니라 2년, 5년이라면 두말할 나위 없다. 채권의 경우 망하지 않을 기업의 채권에 투자할 시 만기까지 보유할 경우 이자도 받고 원금도 받는다.

상품 운용자의 입장에서는 비유동 자산에 투자함으로써 변동성과 이율을 통제하려는 시도를 하기도 한다. 반대로 이는 소비자, 즉 투자자 입장에서 독이 될 수도 있다. 물론 투자 후 어느 시점까지는 '따박따박' 계획대로 돈이 나올 순 있다. 상품 만기까지 별탈 없이 현금흐름이 창출되기도 한다. 하지만 시장은 우리의 계획대로만 흘러가지 않는다. 오히려 그 반대의 사례를 우리는 수없이 목도해왔다.

해외 모처에 정부 기관이 이전하기로 확정되었다는 소식만 믿고 오피스 건물에 투자했지만 계획이 지연되거나 무산된 경우, 3년 뒤 상장 가능성이 높아 보인다는 이유로 기업의 전환사채에 투자했지만 상장이 미뤄지거나 기업 가치가 기대에 미치지 못했던 경우, 절대 쉽게 무너지지 않을 것처럼 보이던 지수 옵션에 장기 투자했지만 예상치 못한 변동성에 손실을 입은 경우까지 사례는 다양하다. 그만큼 고정적으로, 정기적으로 수익을 분배하는 상품을 쉽게 찾을 수는 없다.

이들의 공통점은 '시간이 해결해줄 것'이라는 믿음이었다. 시간이 지나면 개발은 완료될 것이고, 상장은 성사될 것이며, 지수는 결국 우상향할 것이라는 기대 말이다. 그러나 투자에서 시간은 언제나 아군이 아니다. 우리가 통제할 수 없는 변수들이 개입하는 순간, 기대했던 시간 가치는 오히려 독이 되어 돌아온다. 기다릴수록 수익이 커질 것이라 생각했던 전략이, 기다릴수록 손실을 키우는 전략으로 바뀌는 일은 생각보다 자주 일어난다. 그래서 투자에서 중요한 것은 우직하게 시간을 믿는 것이 아니라, 시간이 우리를 배신했을 때 어떻게 대응할 것인지에 대한 준비다. 또 우리가 시간과의 약속을 배신할 수도 있다.

그렇게 버티고 버티다 갑자기 목돈이 필요한 이벤트가 발생하면 어찌할 것인가? 내 돈은 쓰지도 못하고 대출을 받거나 누군가에게 빌려야 하는 신세가 될 수도 있다. 그렇게 투자도 실패하고 빚도 남는 경우를 종종 보았다. 사실 환금성이란 운용하는 입장에서도 그렇고, 투자자의 입장에서는 더더욱 유념해야 하는 투자의 원칙과 같다. 매니저는 투자 기간이 정해졌다고 모든 자산을 비환금성 자산에 투자하는 우를 범하지 말아야 할 것이고, 내 돈을 투입하는 투자자는 더욱 보수적으로 살펴야 하는 사안이다. 폐쇄형 펀드, 특히 '대체자산'이라고 명명된 펀드는 다시 한번 리스크를 확인해야 한다.

물론 환금성 자산이라고 해서 다 안심할 수는 없다. '예외 없는 규칙은 없다'고 했다. 상장주식이 아무리 환금성 있는 자산이라고 해도 투자한 주식이 소외주가 되는 순간 매우 어려운 길을 걷게 된다. 투자 주식을 둘러싼 매크로 및 산업환경이 불리하게 돌아가서 그럴 수 있고, 현재 비즈니스는 좋으나 미래 비전에 대한 청사진을 내놓지 못해 그러할 수도 있다. 애널리스트도 최대한 합리적이고 공정하게 기업에 대한 평가를 투자자의 시각에서 기술하지만, 시장의 관심도가 떨어지면 다른 주식을 커버하느라 바쁘기 때문에 해당 주식은 자연스럽게 멀어지기 마련이다. 2026년 초를 기준으로 보면 철강주, 중국 기반의 소비주 등이 그러한 조건에 해당한다고 볼 수 있다.

주식과
채권

요리 경연 프로그램을 보면 실력 있는 셰프들이 요리를 하는 장면을 실제로 볼 수 있다. 당연히 맛을 느낄 수는 없지만 만드는 장면과 심사 과정을 보면 어떤 맛일지 상상만으로도 행복감이 느껴진다. 하지만 맛을 예상하는 것보다 흥미로운 것은 셰프들이 재료에 대한 이해를 바탕으로 맛의 기본을 지키면서 좋은 조합을 찾아내려 애쓰는 모습에 있다. 특히 매우 이상적인 조합을 만드는 과정에서 신선한 아이디어가 접목되면 심사위원의 호평이 이어진다.

요리 경연 프로그램을 보다 문득 이런 생각이 들었다. 자금을 운용하는 사람도 결국 요리사와 비슷하다는 것이다. 국내외 주식, 채권 등은 요리사가 쓰는 재료와 같다. 재료가 아무리 신선해도 계절과 손님의 취향을 고려하지 않으면 좋은 음식이 나오기 어렵다. 마찬가지로 자산도 각각의 특성과 시장환경에 맞춰 조합해야만 비로소 만족스러운 수익률이라는 '맛'을 만들어 낼 수 있다.

성장 가능성이 높은 주식과 우량 회사채는 싱싱한 주재료에 가깝다. 방향성을 잘 읽어야 하는 국채는 제철에 맞춰 써야 제맛이 나는 나물과도 같다. 여기에 국내외 상장 ETF나 각종 파생·대체 상품은 향신료나 치킨스톡처럼 쓰일 수 있다. 잘 활용하면 전체 풍미를 살리지만 과하면 본래의 맛을 해칠 수도 있다.

결국 중요한 것은 특정 재료 하나가 아니다. 어떤 재료를, 어떤 비율로, 어떤 시점에 쓰느냐가 요리의 완성도를 좌우한다. 투자 역시 마찬가지다. 좋은 자산을 고르는 것만으로는 충분하지 않다. 시장이라는 계절과 자신의 상황이라는 손님을 고려해 균형 있게 조합하는 능력이 성과를 만든다.

연금 운용이라고 하면 일반 운용과 비교해 '시장 대응'이라는 공통분모는 있지만, 운용기간 관점에서 보면 색깔이 확연히 다르다. 성장주보다는 가치배당주, 주식보다는 채권, 그리고 안전자산으로 시장에서 평가되는 상품의 비중 확대를 긍정적으로 고민해야 마땅하다. 여기에 한 가지 더 고려하면 매월 또는 매분기 고정적인 현금흐름이 발생하는 인컴형 ETF 등을 조합할 수 있다. 특히 시장을 대변하는 지수에 투자를 할 때는 ETF만큼 특화된 자산도 없을 것이다. 무엇보다 집합투자기구, 즉 '펀드' 역시 배제할 수 없다.

　우선 연금 운용에 있어서 펀드가 어떤 역할을 할지 고민해보자. 펀드는 필자와 같은 펀드매니저가 운용하는 상품, 즉 전문가의 오랜 기술이 들어간 자산이다. 그리고 펀드라는 자산의 특성상 운신의 폭이 크기 때문에 실력 좋은 매니저, 시장의 때를 만난 매니저가 운용하는 펀드는 ETF보다 높은 성과를 자랑한다. 물론 '사람'이 운용하기에 발생하는 리스크도 존재한다. 매니저의 역량 차이, 판단 오류, 운의 요소, 운용역 교체와 같은 부분은 분명한 한계다.

　그럼에도 불구하고 대형 운용사의 펀드가 장기 투자에서 일정한 역할을 해내는 경우가 많은 이유는, 그들이 단순히 종목을 사고파는 것이 아니라 산업의 흐름을 읽고 시간을 견디는 구조를 설계하기 때문이다. 예를 들어, 2026년 CES에서 엔비디아가 자율주행기술 '알파마요'를 공개했다. 이 기술은 실주행 데이터를 쌓아야 완성되겠지만, 제조사들이 자율주행을 구현하는 데 필요한 연산과 추론 시스템을 크게 단축해주는 환경을 제공한다. 훈련된 매니저라면 이를 단순한 뉴스로 소비하지 않는다. 자율주행 시스템을 아직 자체 개발하지 못했지만 전기차 라인

업과 생산 능력을 갖춘 자동차 기업을 선별해 장기적으로 편입하는 전략을 고민할 것이다.

물론 그 기술이 실제 상용화되기까지는 수년이 걸릴 수 있다. 중간에 규제 문제, 기술적 한계, 경기 침체와 같은 변수가 끼어들며 주가가 흔들릴 수도 있다. 그러나 연금과 같은 장기 자금을 운용하는 관점이라면, 이러한 시간을 감내하며 구조적 변화를 기다리는 전략이 가능하다. 결국 산업의 방향이 맞다면 장기 투자 끝에 기업 실적이 따라올 확률은 높아진다.

반면 대부분 기계적으로 지수를 추종하는 ETF는 산업 내부의 '선별'까지는 해주지 않는다. 개인 투자자는 변동성이 커지는 국면에서 심리적으로 흔들릴 가능성도 크다. 수년을 견디는 전략을 일관되게 유지하기란 생각보다 어렵다. 이 지점이 바로 훈련된 매니저가 운용하는 펀드의 강점이다.

훈련된 매니저는 산업의 변화를 읽고, 시간을 설계하고, 변동성을 관리하며 포트폴리오를 조정한다. 어찌 보면 장기 투자는 '좋은 자산'을 고르는 싸움이 아니라 '시간을 견디는 구조'를 만드는 싸움일지도 모른다. 그런 의미에서 일부 장기 투자금은 펀드를 활용하는 것이 합리적인 선택이 될 수도 있다.

반대로 훈련만 되어 있다면 개별 주식을 장기 투자하는 것이 가장 바람직할 것이다. 하지만 장기 투자를 하는 과정에서 필연적으로 마주칠 수밖에 없는 '변동성'이라는 녀석을 극복하기가 참 어렵다. 시간의 결과물인 차트를 보면 충분히 할 수 있을 것이라는 자신감이 생겨나고, 전문가들의 세미나나 강연을 듣고 나면 더더욱 자신감이 커진다. 그런데 그러한 감정을 장기간 유지하는 게 어렵다.

'우리나라에서 가장 큰 기업인 삼성전자에 투자하는 일이 뭐가 어렵다고?' '세계적인 반도체 회사 SK하이닉스에 투자하는 게 어려우면 투자를 어떻게 하겠어?'라는 생각이 드는가? 아니다. 어렵다. 사람의 시야는 필요 이상으로 넓다. 차트도 보고, 뉴스도 보고, 산업 흐름도 읽을 수 있다. 그러나 막상 '내 돈'이 빠져나가는 순간, 그 넓던 시야는 급격히 좁아진다. 손실이 발생하면 시장 전체가 아니라, 오직 그 종목만 보이기 시작한다. 마이너스가 찍힌 숫자 하나가 모든 판단을 압도한다.

그래서 선수들은 훈련을 한다. 그리고 훈련된 사람만이 큰돈을 굴릴 수 있다. 훈련 목적은 궁극적으로는 수익 창출에 있지만, 그 과정에서 먼저 내재화하는 것은 변동성을 관리하는 방법이다. 손실이 발생해도 시야가 좁아지지 않도록, 특정 종목에 감정이 과도하게 쏠리지 않도록 구조를 만들어두는 것이다.

기술적으로 포트폴리오를 구성하는 이유도 여기에 있다. 서로 상관관계가 다른 자산을 조합해 변동성을 낮추면 수익률의 굴곡이 완만해진다. 그리고 이 완만함은 단지 숫자의 안정성에 그치지 않는다. 심리적 안정성으로 이어진다.

포트폴리오는 단순한 분산 투자가 아니다. 그것은 수익을 극대화하기 위한 도구이면서, 동시에 투자자의 감정을 통제하기 위한 장치이기도 하다. 결국 큰돈을 다룰 수 있는 자격은 더 많은 정보를 아는 데서 오는 것이 아니라, 손실 앞에서도 시야를 잃지 않는 훈련에서 비롯된다.

물론 이러한 철학과 원칙은 장기적 관점의 산물이다. 잃지 말아야 하는 돈을 쌓아가며 오랜 기간 운용해야 하는 연금 자금 운용의 성격은 철저히 장기적인 관점을 견지해야 한다. 어찌 보면 좋은 주식을 골라 장기 보유만 할 수 있다면 최고의 연금 운용 전략이 될 수 있다. 지금은 등락이 심해도 해당 주식이 미래 성장 동력에 속하고, 좋은 기술력을 가지고 있어 텐베거의 가능성이 보인다면 장기 투자하면 되지 않겠는가? 충분히 동의할 수 있는 의견이다. 다만 이는 장기 투자에 대한 확신으로 연금이라는 자금의 성격을 고민하지 않은 처사일 수 있다. 리스크보다 수익률을 우선시하는 투자 결정 과정으로도 볼 수 있다.

연금이라는 돈은 인생의 마지막 보루다. 연금을 받을 나이에, 모아놓은 연금만큼의 돈을 버는 것은 매우 힘든 일이다. 그래서 잃지 말아야 하는 돈인 것이며, 한때는 원금 보장이 되는 은행 예금만이 유일한 선택지처럼 보였다. 은행 예금 이율이 연간 인플레이션보다 높을 때는 충분히 가치가 있었지만, 이자율이 낮아지면 낮아질수록 다른 방법을 찾아야만 했다. 그러다 보니 변동성 높은 '텐베거 장기 투자'로 손이 가는 것도 십분 이해된다. 이러한 투자를 보완하기 위해 자산배분이라는 방법론이 유행한 게 아니겠는가? 4계절 안전한 '올웨더(All Weather) 포트폴리오'가 대표적이다.

연금 운용에서는 일반적인 주식 투자와는 목적과 방법을 달리해야 한다. 투자자 성향별로 다르겠지만 수익률을 우선시하기보다 변동성과 리스크 관리를 더 중요하게 생각해야 한다. 실제로 성장주 장기 투자보다는 배당주 또는 저변동성주를 사는 경우가 많다. 물론 밸류에이션을 많이 고려해 하방 리스크가 제한된 저렴한 주식들을 일부 사서 초과수익을 기대하는 전략도 취할 수 있다. 필자도 TDF를 운용할 때는 주로 저평가된 지수(국가), 저변동성 테마 등을 활용하곤 했다.

주식과 달리 채권은 고민의 포인트가 조금 다른데 이자를 더 많이 주는 자산을 선택할 것인지, 아니면 안전한 것을 선택할 것인지 고민하기 마련이다. 채권은 일반적으로 자본차익이 많지 않기 때문에 이자만을 수익률로 보는 것이 기본이지만 금리 방향성, 투자등급의 차이에 따라선 자본차익도 가능하기 때문에 주식과 비슷한 면도 존재한다. 매크로 상황만 맞으면 주식과 전반적으로 비슷한 역할을 하기도 한다.

하지만 연금 운용 시 포트폴리오 내 채권의 역할은 포트폴리오의 변동성을 완화시켜주는 의미가 더 크기 때문에 시장 상황에 따라 채권 내 개별 자산의 비중을 달리해야 하는 기술이 필요하다. 국가별 국채, 주요 등급별 회사채의 성격을 인지하고 있어야 하며 각 종류별 듀레이션과 평균 금리 및 부도율 등을 파악해야 한다. 개별 채권을 살 수 없는 경우가 많기 때문에 해당 요건에 맞는 펀드 또는 ETF를 사전에 공부해야 한다.

ETF의
개념과 다양성

ETF라는 상품이 시장에 등장하면서 투자의 편리함도 올라갔다. ETF는 주식처럼 거래되지만 사실 운용법이 정해진 펀드다. 그래서 시장에 따른 예측이 보다 수월하고, 필자와 같은 매니저들도 ETF의 도움을 많이 받는다. 투자자가 특정 목적의 투자를 계획할 경우 ETF가 요긴하게 쓰일 수 있다. 물론 특정 목적을 수립하기 위해서는 많은 공부가 필요하다.

ETF는 지수를 따라가거나, 섹터를 추종하는 목적으로 많이 쓰인다. 혹은 배당주, 가치주, 성장주 등의 테마로 묶어 일정 부분 정해진 투자를 하기 마련이다. 주식뿐만 아니라 채권도 마찬가지다. 미국채, 특히 10년물 채권, 20년물 이상의 채권 또는 2년물 이하의 단기 채권도 개별적으로 추종하는 ETF가 존재한다. 주요국 채권은 만기별로 거의 모두 존재한다고 보면 된다. 그래서 개별 주식, 개별 자산의 투자가 자동차의 수동 기어라면, ETF는 자동 변속장치 정도라고 보면 된다.

ETF는 해외에서 2010년대 초반부터 널리 활용되기 시작했고, 우리나라에서는 서학개미가 등장하면서 관심을 받았다. 첫 등장 이후 시장 규모가 100조 원을 돌파할 때(2023년)까지 20년 내외가 걸렸지만, 이후 아주 빠른 속도로 늘어나 불과 3년 만에 300조 원에 도달했다. 최근 3~4년간에 벌어진 일이다. 급격히 성장하는 과정에서 전통적인 자산군, 지수, 섹터 등과 함께 여러 테마 상품이 출시되었다.

다만 ETF는 신규 테마가 계속 쏟아지는 과정에서 투자자의 욕심을 자극해 포트폴리오의 변동성을 키울 수 있는 계기를 마련했다고도 볼 수 있다. 미국 투자를 예로 들면 S&P500에 투자하는 것보다 특정 유망 섹터에 투자하는 것이 변동성이 더 클 수 있다. S&P500 IT 섹터에 투자하는 것보다 반도체 테마와 자율주행 테마에 투자하는 것이 더 높은 변동성의 선택이며, 대형 은행에 투자하는 것보다 지역은행에 투자하는 것도 마찬가지다. ETF는 높은 변동성을 지닌 테마에서도 인기를 끌며 투자자들의 자금을 빨아들였고, 이러한 ETF가 난립할수록 투지자 포드폴리오의 전체 변동성도 함께 커지고 있다.

변동성이 큰 자산에 투자하는 것은 투자자 입장에서는 주로 상방을 보고 결정한 결과인데, 앞서도 언급했지만 연금이라는 자금의 특성을 고려할 때 결코 바람직하지 않다. 변동성 높은 특정 테마 ETF는 돌고 돌아 결국 개별 주식을 사는 것과 진배없는 결과가 나올 수 있다. 그래서 ETF를 제대로 바라보기 위해서는 합리적인 관점을 정립할 필요가 있다.

자산군별(주식, 채권 등), 지역별(국가별), 섹터별, 테마별로 나눠서 포트폴리오를 구성해야 한다. 긴 시간 투자하더라도 낮은 변동성으로 꾸준한 수익을 확보해 쌓아가는 것이 연금 운용

주요 국가 지수별 성과와 변동성

구분	2021년		2022년		2023년		2024년		2025년	
	성과	변동성	성과	변동성	성과	변동성	성과	변동성	성과	변동성
S&P500	28.68%	12.20%	-18.12%	11.85%	26.76%	11.85%	25.71%	13.18%	17.86%	11.49%
나스닥100	27.51%	15.87%	-32.38%	33.26%	56.21%	16.46%	28.02%	18.98%	21.02%	15.24%
다우존스	20.95%	12.19%	-6.86%	21.06%	16.22%	10.46%	14.91%	12.20%	14.92%	11.34%
니케이	-3.80%	18.00%	-19.27%	23.10%	25.11%	28.96%	12.20%	28.96%	31.53%	19.91%
유럽 (스톡스50)	15.58%	16.59%	-13.97%	26.88%	25.72%	16.30%	5.90%	16.72%	38.51%	13.45%
코스피	-6.08%	17.13%	-27.61%	24.88%	19.46%	20.60%	-18.51%	23.08%	82.87%	23.62%
중국 상해	9.93%	13.68%	-19.66%	18.53%	-4.47%	13.62%	14.18%	21.61%	27.12%	11.16%

의 목적이기 때문에 ETF도 그에 맞는 종목과 비중을 견지해야 마땅하다.

같은 미국이라도 기술주 비중이 절반이나 되는 나스닥 100지수가, 변동성 측면에서 매년 S&P500과 다우존스를 상회함을 알 수 있다. 물론 변동성이 큰 만큼 성과도 높지만 하락 구간에서는 변동성이 크기 때문에 손실 가능성도 높아진다. 이머징 국가에 속하는 한국의 코스피와 중국 상해지수의 변동성을 살펴보면 20% 이상을 오가는 경우가 많고, 유럽의 경우 50개 종목뿐이지만 상대적으로 낮은 변동성을 보인다.

섹터별로 보면 더 명확해진다. 시장이 흔들렸던 2022년의 경우 특정 섹터는 30% 이상 상회하는 변동성을 보인 반면, 일부 섹터는 여전히 10%대를 유지한다. 다만 섹터의 변동성이 확대되더라도 그해 또는 그다음 해에 성과가 나타나는 경우에는 투자할 만한 가치가 있다. 변동성만 크고 성과가 일시적인 섹터라면 연금 투자로 충분치 못하다고 판단한다.

예를 들어 에너지의 경우 변동은 중상으로 볼 수 있으나 성과 유지가 부족해 연금 운용의 핵심 종목으로 구성하기에는 부족하다. 연금계좌로 에너지 섹터 ETF를 담은 C부장의 실수가

S&P500 섹터별 성과와 변동성

구분	2021년		2022년		2023년		2024년		2025년	
	성과	변동성	성과	변동성	성과	변동성	성과	변동성	성과	변동성
IT	34.53%	17.47%	-28.19%	34.29%	59.45%	18.22%	40.23%	23.38%	24.04%	18.28%
금융	34.87%	18.04%	-10.57%	25.31%	11.68%	13.77%	29.99%	15.29%	14.97%	13.17%
통신	21.57%	15.22%	-39.89%	32.89%	53.59%	19.56%	41.47%	18.83%	33.56%	17.41%
자율소비	24.43%	16.27%	-37.03%	36.20%	43.15%	18.59%	31.35%	21.07%	6.04%	19.86%
필수소비	18.63%	10.80%	-0.62%	18.72%	0.75%	10.78%	13.58%	9.95%	3.90%	10.73%
재료	27.28%	15.60%	-12.28%	26.90%	12.66%	15.40%	0.16%	13.87%	10.54%	14.53%
산업재	21.10%	15.03%	-5.51%	23.68%	17.83%	13.72%	18.43%	14.61%	19.27%	12.80%
유틸리티	17.67%	14.16%	1.56%	23.48%	-7.09%	17.61%	21.75%	15.22%	16.04%	12.91%
에너지	54.39%	28.42%	65.47%	37.43%	2.29%	20.76%	4.48%	18.56%	8.68%	17.64%
헬스케어	26.13%	11.21%	-1.95%	19.43%	2.35%	10.92%	0.80%	11.27%	14.60%	16.21%
부동산	46.20%	14.44%	-26.13%	27.62%	12.01%	18.92%	4.26%	15.54%	3.15%	13.01%

무엇인지 이제 보이는가? 산업재의 경우 꾸준하게 거의 모든 해에 두 자릿수 성과를 보였고, 10% 중후반의 변동성을 기록하는 등 연금 운용의 핵심 섹터로 적합하다고 볼 수 있다. 금융 섹터도 마찬가지다. 일부 구간에선 변동성이 확대되지만 그만큼 성

과를 내는 섹터다 보니 연금 운용에는 빼놓을 수 없다.

이렇게 지역별로, 섹터별로 변동성과 성과를 비교하며 투자 적합성을 검토해 해당 섹터를 추종하는 ETF를 선정하면 성과 대비 등락이 큰 섹터를 피할 수 있다. 물론 ETF가 장점만 있는 것은 아니다. 주식처럼 거래가 비교적 자유롭지만 엄연히 금융상품이기 때문에 운용에 문제가 생기거나, 운용사에 문제가 생길 수 있다.

주식처럼 움직인다고 항상 유동성이 있는 것도 아니다. LP(Liquidity Provider)라는 유동성 공급자가 거래를 일으키면 파는 사람만 있고 사는 사람이 없을 때도 거래가 되기 마련이고, 반대로 사는 사람만 있고 파는 사람이 없을 때도 거래가 가능하다. 하지만 이 또한 시장 상황이 나쁠 땐 거래가 제대로 일어나지 않을 수 있다. 그러면 편입된 자산의 적정가 산정과는 별개로 100에 거래되어야 할 상품이 90 또는 130에 거래될 수도 있다. 가격의 괴리가 나타날 수도 있다는 뜻이다. 극단적인 사례이나 엄연히 존재할 수 있는 가정이므로 고민해봐야 할 일이다.

자산배분과
리밸런싱

비슷한 규모의 연금계좌를 운용하던 D차장과 E부장. IT 섹터가 크게 오르자 D차장은 확신이 더 강해졌다. 그는 공격적으로 IT 섹터의 비중을 늘렸다. 수익이 난 곳에 자금을 추가 투입하는, 이른바 승자 독식 전략이었다. 반면 E 부장은 달랐다. IT 섹터가 오르자 그 비중이 포트폴리오 내에서 지나치게 커졌다고 판단했다. 일부 수익을 실현한 뒤, 코스피200을 비롯한 이머징마켓을 추종하는 ETF를 포트폴리오에 편입했다. 상승의 과실을 챙기되 위험의 쏠림은 줄였다.

그다음 해, 시장은 다른 표정을 보였다. AI 거품론과 규제·반독점 우려가 불거지며 IT 섹터는 일시적 침체를 겪는다. IT 섹터 하나에 집중했던 D차장의 연금계좌는 수익률이 크게 훼손된 반면, 적절한 자산배분과 리밸런싱을 실현한 E부장의 연금계좌는 상대적으로 높은 방어력을 보였다.

그리고 여기서 또 한 번 차이가 난다. E부장은 상승한 일부 이머징마켓 ETF를 정리하고, 가격이 조정된 IT 섹터 비중을 다시 늘린다. 비싸진 것은 줄이고, 싸진 것은 늘리는 원칙을 기계적으로 실행한 것이다.

둘은 연봉도 비슷하고, 투자금도 비슷하다. 그러나 10년 뒤 두 사람의 연금계좌는 전혀 다른 모습일 가능성이 높다. D차장의 계좌는 시장 사이클에 따라 크게 출렁이는 '감정의 그래프'가 될 확률이 높다. E부장의 계좌는 완만하지만 꾸준히 우상향하는 '관리된 그래프'가 될 가능성이 크다. 자산배분과 리밸런싱은 수익을 포기하는 행위처럼 보이지만 사실은 복리를 지키는 가장 현실적인 방법이다.

투자를 요리에 비유하면, 좋은 재료를 고르는 것만으로는 맛이 완성되지 않는다. 같은 재료를 가지고도 누군가는 평범한 한 끼를 만들고, 누군가는 손님이 다시 찾는 요리를 만든다. 차이를 만드는 것은 '조합'이다. 어느 재료를 얼마나 쓰고, 어떤 순서로 불을 올리고, 어떤 타이밍에 간을 맞추는지가 중요하다.

투자도 마찬가지다. 주식, 채권, ETF, 펀드 등을 선택하는 단계가 재료 선정의 단계라면 자산배분과 리밸런싱은 조리법이다. 그리고 노후 자산 운용에서 조리법은 재료보다 더 중요할 때가 많다. 왜냐하면 연금 자산의 목적은 한 번의 '대박'이 아니라, 앞서 말한 것처럼 월급과 같이 남은 인생의 정기적 수입의 복원이기 때문이다. 노후 자산은 '수익률 1등'을 목표로 달릴 수 있는 돈이 아니다. 인생의 마지막 보루에 가까운 자산이고, 다시 벌기 어렵다는 점에서 무엇보다 큰 손실을 피해야 하는 돈이다.

자산배분은 말 그대로 내 자산을 여러 바구니에 나누는 기술이지만, 그 본질은 단순한 분산이 아니다. 노후에 필요한 현금흐름을 끊기지 않게 만들고, 큰 낙폭에서 스스로를 지키기 위한 안전장치다.

자산배분: 수익률<위험의 분산

사실 투자라는 것이 돈을 버는 것이 목적이고, 그 맥락에서 수익에 매몰되어 수익률을 우선시하기 마련이다. 많은 사람이 "자산배분하면 수익이 낮아지지 않나요?"라고 묻는다. 틀린 말은 아니다. 2025년 하반기부터 이어진 코스피 시장 랠리를 생각하면, 투자자들에게 자산배분이라는 단어를 감히 꺼내기 어렵다. 가지고 있는 모든 자산을 상승 자산에 몰아넣으면 그만큼 빨리 불어날 수 있기 때문이다. 하지만 우울하게도 그렇게 하면 꼭 반대의 경우가 발생한다.

어떤 투자 자산이든 영원히 오르기만 하지 않는다. 잘 오르는 만큼 잘 떨어진다. 하락 구간에서 흔들리면 원칙은 깨지고, 결국 연금 설계는 무너진다. 특히 50대의 투자에서 가장 무서운 건 '가격 하락' 자체보다 하락이 가져오는 심리적 파괴다. 한 번 크게 잃으면 그다음부터는 지키는 투자만 하게 되고, 지키기만 하면 다시 회복하기 어렵다. 그래서 연금 운용은 '수익률'보다 '생존'이 우선시되어야 한다.

결국 자산배분은 "시장에 돌풍이 불 때, 나의 자산은 얼마나 버틸 수 있는가?"란 질문에 답하기 위한 수단이다. IT 섹터에 집중 투자한 D차장과 적절히 리밸런싱을 단행한 E부장은 이러한 질문에 서로 다른 답을 내놓은 것이다. 시장에 돌풍이 분다는 것은 주가가 크게 빠지는 구간이기도 하고, 금리가 급격히 움직이는 국면이기도 하며, 환율이 요동치고 유동성이 마르는 시기기도 하다. 중요한 건 돌풍이 실제로 닥칠지 평온한 날씨가 지속될지가 아니라, 올 수 있다는 전제를 깔고 내 자산을 구성하는 것이다. 큰 바람이 안 불면 다행이고, 와도 살아남으면 된다. 연금은 그러한 원칙이 특히 중요하다.

"주식의 비중을 얼마나 가져갈까요?" "채권을 최소 40%는 담아야 하지 않나요?" 자산배분을 논할 때 흔히 오가는 질문이다. 하지만 자산배분을 '비율'로만 접근하면 복잡해지고 금방 지친다. 솔직히 50대의 김부장들에게, 그리고 그간 금융과 거리를 두고 살아왔던 은퇴자들에게 이러한 비율에 대한 감이라는 것이 있을 리 만무하다. 비율을 정량적으로 맞추는 것보다 더 좋은 방법은 각 자산의 역할을 인지하고 중요도를 생각해보는 것이다. 이후에 비중을 논해도 늦지 않다. 포트폴리오 안에 들어 있는 자산이 어떤 일을 하는지 먼저 정해두면, 시장이 흔들려도 내가 무엇을 건드려야 하는지가 명확해진다.

연금이라는 테두리 안에서 자산의 역할을 생각해보면 다음의 4가지로 정리할 수 있다.

첫 번째, 성장이다. 미래에 나타날 돈의 가치 하락에 대한 상쇄라고도 하고, 인플레이션을 방어한다고도 표현한다. 경험적으로 알겠지만 시간이 지날수록 생활비는 자연스럽게 오른다. 결국 노후 자산은 '오늘의 돈'이 아니라 '미래의 돈'이어야 한다. 이 역할은 보통 주식(특히 시장을 대표하는 지수 추종형) 또는 장기 성장 자산이 담당한다.

두 번째, 현금흐름의 복원이다. 은퇴 이후 안정감을 위해서라도 매달 들어오는 돈이 꼭 필요하다. 연금을 설계할 때 필수적인 요소가 된다. 앞서 언급한 배당주, 월지급식 ETF, 채권·우선주 등 다양한 수단이 있다. 핵심은 현금흐름이 지속 가능한 구조를 만드는 것이다.

세 번째, 변동성 완화다. 앞서 주식, 채권 그리고 ETF를 설명할 때 어느 정도 언급했지만 변동성을 완화해줄 수 있는 자산을 선택할 필요가 있다. 보통 우량 채권이나 단기채 등이 변동성을 완화하는 역할을 한다.

마지막으로 기회의 포착이다. 연금이라고 해서 반드시 100% 현금흐름 창출용 자산으로만 구성할 필요는 없다. 물론 원금 손실에 대한 거부감이 매우 크거나, 매달 안정적인 현금 유입을 최우선으로 두는 투자자라면 방어적 운용이 맞을 수 있다. 연금의 본질이 노후의 안정이니 그러한 선택도 충분히 합리적이다.

그러나 모든 연금이 동일한 역할을 해야 하는 것은 아니다. 은퇴까지 시간이 남아 있고, 감내 가능한 변동성의 범위가 존재한다면 일부 자산은 성장의 역할을 맡길 수도 있다. 상황이 맞아떨어질 때 원금 자체를 늘릴 수 있다면, 그 자체로 훌륭한 노후 대비가 되지 않겠는가.

연금은 단순히 지키기만 하는 돈이 아니라, 지킬 몫과 불릴 몫을 구분해 설계하는 자금이다. 현금흐름을 만드는 자산이 기둥이라면, 원금을 키우는 자산은 지붕을 더 높이는 작업이다. 안정만을 추구하는 것도, 성장만을 좇는 것도 극단이다. 안정과 성장이라는 두 마리 토끼를 쫓아야 한다. 연금 운용의 핵심은 결국 자신의 성향에 맞는 균형을 찾는 일이다.

이렇게 자산의 역할을 나누면 자산배분은 이제 '몇 퍼센트가 정답이냐'의 싸움이 아니라, '내 포트폴리오가 균형을 갖췄느냐'의 문제로 바뀐다. 또 내 포트폴리오가 대응하는 상황으로 그림을 그릴 수 있다. 자산 간의 비율을 조정하기 어렵다면 연금 운용 시 이 역할을 현실적으로 생각해보자.

자산배분은 '설계도', 리밸런싱은 '유지·보수'

자산배분이 설계도라면 리밸런싱은 유지·보수다. 설계도를 아무리 멋지게 그려도 시간이 지나면 현실이 틀어진다. 시장은 매일 움직이고, 어떤 자산은 올라 비중이 커지고, 어떤 자산은 내려 비중이 줄어든다. 이때 아무것도 하지 않으면 어떻게 될까? 대개는 잘 오른 자산에 포트폴리오가 점점 쏠린다. 즉 수익이 난 덕분에 위험이 커지는 아이러니가 발생한다.

리밸런싱은 이때 하는 행동이다. 간단히 말하면, 너무 커진 비중은 줄이고 너무 작아진 비중은 늘리는 것이다. 이게 전부다. 그런데 이 단순한 행동이 노후 자산에서는 엄청난 차이를 만든다. 이유는 2가지다.

첫 번째, 리밸런싱은 욕심을 통제한다. 시장이 좋을 때는 누구나 자신감이 생기고 '이번에는 다르다'는 생각이 들기 시작한다. 이때 잘 오른 자산을 조금 덜어내는 행위는 심리적으로 어렵지만, 노후 자산 운용에 꼭 필요한 브레이크다.

두 번째, 리밸런싱은 공포를 통제한다. 시장이 빠질 때는 반대로 '이제 끝난 것 같다'는 공포가 온다. 이때 비중이 줄어든 자산(보통 주식)을 원칙대로 좀 더 사는 행동은 심리적으로 더 어렵다. 하지만 원칙대로 행동하는 사람이 결국 회복 구간에서 살아남는다.

정리하면 리밸런싱은 '기술'이라기보다 원칙을 실행하는 습관이라고 생각하는 것이 좋다. 특히 연금에서 리밸런싱이 중요한 이유는, 그것이 단발성 전략이 아니라 오랜 기간 반복해야 할 행동이기 때문이다. 연금은 1~2년을 보고 운용하는 자금이 아니다. 수십 년에 걸쳐 시장의 호황과 침체를 모두 지나야 한다. 그 긴 시간 동안 매번 감정에 따라 대응한다면 투자 원칙은 쉽게 흔들릴 수밖에 없다. 그래서 리밸런싱은 전략이라기보다 습관에 가깝다. 습관이 되면 판단이 단순해진다. 판단이 단순해지면 감정이 개입할 틈이 줄어든다. 연금 투자에서 가장 무서운 변수는 시장이 아니라, 오랜 시간 속에서 조금씩 흐트러지는 나 자신의 기준일지도 모른다.

루틴대로 행동하면 문제를 최소화시킬 수 있으나 그 길을 벗어나는 순간 리스크에 노출된다. 그만큼 연금은 리스크를 모니터링하는 일이 더 중요하다.

사실 리밸런싱을 너무 자주 하면 피곤해지고, 거래 비용과 세금 이슈가 생기고, 오히려 시장에 휘둘릴 수 있다. 반대로 너무 안 하면 자산배분의 의미가 사라진다. 그래서 현실적으로는 내가 지킬 수 있는 '규칙'을 만드는 것이 중요하다.

분기 1회, 반기 1회, 연 1회처럼 날짜를 정해두고 점검하는 것이 좋다. 펀드 운용에도 많이 활용된다. 기한대로 움직이면 습관화하기 좋으나, 리밸런싱 전에 특정한 사건이 발생하거나 시장이 흔들리면 당황하기 쉽다. 그래서 리밸런싱을 할 때는 무엇보다 자산의 범위와 기준을 먼저 정해두는 것이 중요하다. 그래야 마음이 흔들리지 않는다.

가장 간단한 방법은 목표 비중을 설정하고, 해당 자산이 그 비중에서 ±5% 이상 벗어나면 조정하는 식이다. 이 방식의 장점은 명확하다. 시장 변동이 클수록 더 효과적으로 통제할 수 있다. 많이 오른 자산은 자연스럽게 줄고, 많이 하락한 자산은 늘어나는 구조가 되기 때문이다.

또 하나 중요한 점은 기록이다. 조정 시점과 이유를 간단히라도 남겨두면 나중에 감정이 개입할 여지를 줄일 수 있다. 기록은 스스로에게 남기는 일종의 계약서와 같다. 특히 금융에 익숙하지 않은 50대 투자자라면 더욱 그렇다.

전문가도 아니고, 정보를 빠르게 접하거나 인맥을 동원하기도 쉽지 않다면 시장을 예측하기보단 미리 정한 규칙을 지키는 쪽이 현실적이다. 연금 운용은 화려한 판단의 싸움이 아니다. 감정을 배제하고, 단순한 원칙을 오래 지키는 싸움이다. 결국 차이를 만드는 것은 정보의 양이 아니라 흔들릴 때 작동하는 '규칙'의 유무다.

만약에 배당, 이자 등의 현금흐름이 생긴다면 리밸런싱 시 도움을 받을 수 있다. 배당이나 이자가 들어오면 자동으로 비중이 줄어든 자산을 채우는 데 쓸 수 있고, 시장이 흔들릴 때 그 돈이 완충 역할을 하기 때문이다. 팔지 않아도 리밸런싱이 되고, 세금과 비용을 줄이면서도 원칙을 지킬 수 있다. 특히 연금저축·IRP와 같은 절세계좌에서는 운용 규칙과 세금 구조가 얽혀 있으니 더더욱 이 방식이 현실적이다. 하지만 매월 받는 현금흐름이 생활비로 반드시 필요한 상황이라면, 이러한 전략을 원칙처럼 적용하기는 어렵다. 일정 비율의 현금 혹은 단기채와 같은 현금성 자산을 보유하는 이유가 여기에 있다. 단순히 수익을 포기하는 자산이 아니라, 시장 변동기에 위험자산을 지켜주는 방패의 역할을 한다.

어쩌면 자산배분과 리밸런싱은 '정답'이 아니라 '내 원칙'을 만드는 일일 수 있다. 운용에 정답이 없듯이 연금 운용에는 더더욱 정답이 없다. 중요한 것은 지킬 수 있는 원칙을 세우고 습관화해 몸에 익히는 일이다.

자산배분은 돌풍과 태풍이 와도 버틸 수 있게 만드는 구조이며, 리밸런싱은 그 구조를 무너지지 않게 관리하는 습관이다. 연금 운용은 결국 '좋은 선택'보다 '지속가능한 선택'에서 승부가 난다. 시상은 누구에세나 기회를 주지만, 오래 버틴 사람에게만 그 과실이 돌아온다.

이제 다음 단계로 넘어갈 차례다. 그릇(제도)을 정했고, 조리법(자산배분·리밸런싱)을 이해했다면 남은 것은 실제로 어떤 재료를 어떤 방식으로 담을지 정하는 것이다. 다음 장에서는 연금 운용에 적합한 재료를 어떻게 요리에 활용할지 구체적으로 알아보겠다.

해외 투자의
2가지 방법

직장인 F는 연금계좌에서 국내상장 ETF를 매수하고 있다. 해외 직접투자는 전혀 하지 않는다. 달러 환전과 야간에 이뤄지는 해외주식 거래가 어렵고 낯설게 느껴지기 때문이다. 반면 서학개미 G는 해외 직접 투자 경험만 있을 뿐이다. 절세계좌를 활용해야 한다는 주변의 조언에도 익숙한 해외 투자만을 고수하고 있다. 두 사람 모두 자신의 방식이 옳다고 확신한다. 과연 그럴까?

해외 투자를 이야기하면 사람들은 대개 주식부터 떠올린다. 2020년 대두된 서학개미 운동의 인상이 너무 강해서인 것 같다. 애플, 엔비디아, 테슬라와 같은 이름이 머릿속을 먼저 지나간다. 그런데 연금 운용에서 해외 투자의 의미는 조금 다르다.

해외는 '대박 종목'이 아니라, 포트폴리오의 균형을 잡는 재료 창고에 가깝다. 앞서 언급했듯이 국내주식보다 미국주식과 해외주식의 조합이 변동성이 낮기 때문이다. 특히 연금은 수익이 흔들리면 곧바로 생활에도 영향을 미치기 때문에, 변동성이 큰 국내주식만으로 이를 해결하기는 어렵다.

해외 투자를 하는 방법은 다양한데 크게는 '국내에 있으면서 해외를 담는 방법' '국내에 없는 재료를 찾기 위해 해외로 가는 방법' 2가지가 있다.

국내에서 해외 투자

연금계좌로 해외에 투자하는 현실적인 출발점은 국내상장 해외

ETF를 담는 것이다. 연금계좌에서 해외주식이나 해외상장 ETF를 '일반계좌처럼' 직접 매수하는 것은 제한적이다. 대신 해외지수를 추종하는 국내상장 ETF로 해외 노출을 만드는 방식이 표준처럼 쓰인다. 중개형 ISA도 마찬가지로 해외주식·해외상장 ETF 직접투자는 불가하고, 국내에 상장된 해외 ETF를 통해 간접적으로 접근하는 것이 일반적이다.

해외투자라고 해서 곧 해외주식만을 의미하는 것은 아니다. 연금계좌에서 해외 투자의 힘은 해외 채권(혹은 채권형 ETF)에서 더욱 분명하게 나타난다. 주식은 장기적으로 우상향할 수 있다는 장점이 있지만, 은퇴가 가까워질수록 투자자는 다음의 2가지를 원한다.

1. 월급처럼 정기적으로 나오는 현금흐름
2. 계좌의 출렁임을 줄여주는 완충재

이 2가지 역할을 채권이 해준다. 주식이 엔진이라면, 채권은 서스펜션이자 브레이크다. 흔들리는 장에서 끝까지 버티게 해주는 장치가 채권이다.

국내상장 해외 채권 ETF는 생각보다 재료가 다양하다. 가장 기본은 듀레이션별로 접근할 수 있는 미국 국채다. 예를 들어 미국 금리의 대표 구간을 담는 'KODEX 미국10년국채선물', 장기 금리에 민감한 구간을 담는 'KODEX 미국30년국채울트라선물(H)'과 같은 상품은 미국 국채를 통장 안으로 들여올 수 있는 전형적인 방식이다. 비슷한 축으로 'TIGER 미국채10년선물'도 있다.

국채성 자산은 연금 포트폴리오에서 2가지 역할을 동시에 노린다. 첫째는 시장이 급락할 때 심리적으로 숨을 돌릴 시간을 주는 역할, 둘째는 금리 국면이 유리하게 돌아설 때(예를 들어 금리 인하 사이클) 가격으로도 도움을 줄 수 있는 역할이다. 물론 듀레이션이 길수록 시장과 함께 출렁임도 커지므로, 연금의 채권은 정기적으로 받을 수 있는 이자와 더불어 내가 감당할 수 있는 흔들림의 길이를 정하는 문제도 포함한다.

다음으로 회사채도 재료의 다양성에 기여한다. 좀 더 이자를 받고 싶을 때 회사채를 검토하기도 하는데, 다만 방식이 중요하다. 개별 회사채를 고르는 것은 난이도가 높기 때문에 보통은 투자등급(IG) 바스켓을 담는 ETF로 접근한다. 국내상장 ETF로는 'KODEX iShares미국투자등급회사채액티브'와 같은 상품이 그 역할을 한다. 투자등급 회사채는 연금에서 '현금흐름의 안정성'을 더하는 재료에 가깝다.

여기서 좀 더 따박따박을 원한다면 눈을 돌리는 곳이 하이일드(High Yield)다. 이 부분에는 반드시 문장 하나를 더 붙여야 한다. 하이일드는 이자가 높은 채권이 아니라 신용위험을 떠안고 받는 보상이란 점이다. 그래서 연금에서 하이일드를 핵심으로 보유하기에 부담스러울 수 있다. 국내에도 미국 하이일드 채권에 접근하는 ETF가 상장되어 있는데 'KODEX iShares미국하이일드액티브'와 같은 상품이 대표적이다. 즉 국내상장 해외 채권 ETF만으로도 연금 포트폴리오에 필요한 '완충재-현금흐름-위험 프리미엄'의 계단을 어느 정도 만들 수 있다.

여기서 빠지면 안 되는 포인트가 하나 더 있다. 연금 투자자에게 해외 투자를 국내로 들여오는 방식의 장점은 편의성만이 아니다. 환 리스크를 다루는 방식이 훨씬 단순해진다는 장점이 있다. 국내상장 해외 ETF에는 환헤지(H)형이 존재하기도 하고(상품명에 H가 붙는 경우가 많다), 투자의 번거로움(환전·매매시간·정산 등)이 줄어 내가 통제 가능한 범위에서 해외 투자를 가능하게 한다.

이 밖에 규모가 크지는 않지만 물가연동채, 시니어론 등의 니치 상품도 존재하므로 연금 운용 시 유연성을 더해 줄 수 있다. 중간중간 언급했던 커버드콜과 같은 옵션 연동 상품도 있는데, 이는 이후 단원에서 설명을 덧붙이겠다.

직접 해외로
가는 투자

여기서 고민이 생긴다. '국내상장 ETF로도 S&P500, 나스닥 100, 미국채를 살 수 있는데 굳이 해외주식 계좌를 열 이유가 있나?' 하는 고민이다. 맞다. 'VOO' 'SPY'와 같은 '뼈대 지수 ETF'를 해외에서 굳이 다시 살 이유는 크지 않다. 요즘은 해외상장 ETF와 국내상장 해외 투자 ETF의 수수료도 거의 유사해졌기 때문에 편리성을 생각하면 국내상장 ETF가 낫다는 견해가 많다.

해외주식 계좌를 여는 진짜 이유는 따로 있다. 국내에는 없거나, 있어도 선택지가 좁은 '연금용 특수 재료'를 찾기 위해서다. 물론 이러한 특수 재료는 비용이 든다. 해외상장 주식(해외상장 ETF를 포함)을 매도해 이익이 나면 일반적으로 연 250만 원 기본공제를 제외한 양도차익에 22%(양도소득세 20%+지방소득세 2%) 세금이 적용된다. 이건 연금계좌의 '과세이연' 감각에 익숙한 사람에게 꽤 큰 심리적 장벽이다. 그럼에도 많은 사람이 이 비용을 감수하는 이유는 연금 운용에서 딱 필요한 몇 가지 재료가 해외 시장에 종류별로, 목적별로 너무 잘 정리되어 있기 때문이다. 이러한 재료는 크게 세 부류로 나뉜다.

첫째, 커버드콜·인컴 등 월 분배금에 대한 전략적 선택지다. 국내에도 커버드콜 ETF가 빠르게 늘고 있다. 미래에셋자산운용(TIGER)만 보더라도 'TIGER 미국나스닥100커버드콜(합성)' 'TIGER 미국30년국채커버드콜액티브(H)'와 같은 형태로 이미 국내상장 라인업이 존재한다. 삼성자산운용(KODEX)도 나스닥 커버드콜 계열 상품 등을 운용한다. 더 나아가 국내 커버드콜 시장이 커졌다는 보도도 이어진다.

그런데 직접 해외로 가는 연금 투자자는 여기서 한 발 더 들어갈 수 있다. 국내에 상장되어 있지 않거나 또는 선택지가 제한적인 인컴 상품을 전략별로 고를 수 있다는 뜻이다. 예를 들어

‘JEPI’ ‘JEPQ’처럼 ‘배당+옵션’ 프리미엄을 섞어 현금흐름을 만드는 인컴 ETF, ‘QYLD’ ‘XYLD’ ‘RYLD’처럼 지수 커버드콜을 보다 단순한 구조로 구현한 계열, ‘DIVO’처럼 상대적으로 ‘배당 성장+부분 커버드콜’ 성격을 섞는 계열, ‘SPYI’ ‘QQQI’처럼 커버드콜을 변형한 인컴 구조와 같은 ETF가 후보군으로 올라온다.

여기서 핵심은 ‘따박따박’의 재원이 무엇인지 이해하는 데 있다. 배당인지, 옵션 프리미엄인지, 자본의 일부인지를 이해하고 연금에서의 비중을 통제하는 능력이다. 예를 들어 커버드콜은 ‘현금흐름’에는 강하지만 ‘상방이 제한’되는 구조가 일반적이어서, 연금의 전부가 아니라 연금의 한 축으로만 쓰는 게 원칙에 가깝다.

둘째, 국내에 덜 알려졌거나, 국내상장으로는 접근이 제한적인 채권 ETF의 세부 영역이다. 연금 운용에서 채권은 ‘안정’이라는 한 단어로 끝나지 않는다. 금리, 신용 스프레드, 듀레이션, 경기 민감도에 따라 성격이 전혀 달라진다. 해외 시장에는 그 조각이 굉장히 세밀하게 쪼개져 있다. 그 대표적인 예가 하이일드 중에서도 한 단계 특별한 폴른 엔젤(Fallen Angel)이다. ‘FALN’ ETF는 본래 투자등급이었는데 하이일드로 강등된 달러표시 회사채(폴른 엔젤) 바스켓의 성과를 추종하도록 설계되어 있다. 이런 상품은 연금 투자자에게 있어 단순 하이일드보다 좀 더 구조화된 신용위험에 접근하는 방식이 될 수 있다. 물론 이것도 연금에서 '핵심'이 아니라 '양념'에 가깝다. 하지만 국내상장 상품만으로는 이런 세부 전략을 고르기가 쉽지 않다.

또 해외에는 변동금리 대출(은행 대출) ETF, 우선주 ETF, 단기 국채(현금성) ETF, 인플레이션 연동채(TIPS) ETF 등 연금 포트폴리오의 빈칸을 메우는 재료가 촘촘하게 존재한다.

셋째, 따박따박 배당이 '사업모델'에서 나오는 자산(리츠·인프라 성격)이다. 연금 투자자들은 해외 개별 주식에 투자할 때도 성장주만 보는 게 아니라 '현금흐름을 구조로 내장한 기업'을 찾는다. 웰타워(헬스케어 리츠), 아메리칸 타워(통신타워 인프라)와 같은 종목이 바로 그 결의 후보군이다.

리츠나 인프라 성격의 종목은 배당이 단순한 호의가 아니라, 사업구조상 현금흐름 배분이 반복되는 경우가 많아서 연금 운용 시 활용될 수 있다. 다만 이 또한 원칙은 같다. 개별 주식은 변동성이 있고, 섹터 리스크가 있다. 그래서 연금에서는 리츠·인프라를 높은 비중으로 채우지 않는 것이 기본이다. 대신 월급 복원의 '보조 엔진' 정도로 위치시키면 포트폴리오 전체의 표정이 달라진다.

결국 직접 해외로 가는 연금 투자자는 22% 양도세라는 비용을 '눈물'로 내는 게 아니다. 그 비용을 알고도 그만큼 국내에서 만들기 어려운 '구조'를 가져오기 위해 낸다. 지수 ETF는 국내에서도 충분히 만들 수 있다. 하지만 연금 운용은 지수 ETF만으로 끝나지 않는다. 은퇴가 가까워질수록 중요한 건 수익률보다 현금흐름의 질, 대박보다 흔들리지 않는 설계, 상품 이름보다 내가 이해하고 통제할 수 있는 구조다. 해외주식 계좌는 그 구조의 선택지를 넓히는 도구일 뿐이다. 도구가 늘어나면, 원칙을 지킬 수 있는 가능성이 올라간다.

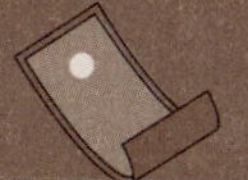

2장

평생 마르지 않는 돈의 흐름 만들기

그래서, 왜
300만 원일까?

퇴직 후 얼마가 필요할지 구체적으로 계산해본 적이 있는가? 손주 용돈을 넉넉히 주지 못하더라도, 자식에게 손 벌리지 않고 어디 가서 아쉬운 소리를 하지 않을 만큼의 생활비 말이다. 최소한의 품위를 지키기 위해서는 '그럭저럭'이 아니라 상당량의 돈이 필요해 보인다.

많은 사람이 은퇴하면 지출이 크게 줄어들 것이라 막연히 생각한다. 출퇴근도 하지 않고, 회식도 없고, 만날 사람도 줄어드니 생활비가 확 줄어들 것처럼 느껴진다. 그러나 현실은 그렇게 단순하지 않다. 사회생활 비용은 줄어들지 몰라도 의료비와 보험료, 주거 유지비, 예기치 못한 지출이 그 자리를 채운다. 나이가 들수록 병원비는 늘어나고, 작은 사고 하나에도 목돈이 필요해진다. 지출의 종류만 바뀔 뿐, 총액이 크게 줄어드는 경우는 드물다.

무엇보다 은퇴했다고 집에만 머무는 삶은 오래가지 않는다. 사람은 활동해야 하고, 어딘가에 속해 있어야 한다. 여행을 가고, 무언가를 배우고, 누군가를 만나고, 움직여야 한다. 그 모든 활동에는 비용이 따른다. 당신은 대안이 있는가?

운 좋게 60세까지 일한다고 해도 평균 수명을 고려하면 앞으로 30~40년이 남는다. 직장생활만큼 혹은 그보다 더 긴 시간이 소득 없이 이어지는 셈이다. 급여는 멈추는데 지출은 멈추지 않는다. 오히려 의료비와 예기치 못한 비용은 늘어날 가능성이 크다.

결국 질문은 이것이다. 이 긴 소득 공백기를 버티려면 우리는 매달 얼마를 '따박따박' 받아야 하는가? 국민연금으로 충당되지 않는 부분을 메우기 위해 개인연금으로 얼마를 채워야 할까? 막연히 "많이 받으면 좋겠다"가 아니라 숫자로 답해야 한다. 불안은 모호할 때 커지고, 숫자는 불안을 통제한다. 그래서 이 책은 하나의 기준을 제시한다. 제목에서도 알 수 있듯이 목표는 월 300만 원이다.

목표액이 300인 이유

먼저 현실을 보자. 국민연금이 노후 보장의 핵심 역할을 한다고 믿지만 실제 상황은 녹록지 않다. 2025년 7월 기준 국민연금 월 평균 수급액은 67만 9천 원에 불과하다. 더 큰 문제는 수급률이다. 65세 이상 인구 중 국민연금을 받는 비율은 54.5%로 절반 수준이다. 노인 인구의 절반 가까이는 국민연금 사각지대에 놓여 있다.

그럼 국민연금(평균 월 67만 9천 원)으로 생활이 가능할까? 통계는 냉정하다. 50세 이상 중고령자와 그 배우자를 대상으로

조사한 주관적 노후 필요 생활비는 개인 기준 최소 139만 원, 적정 생활비는 197만 원으로 나타났다. 부부 기준으로는 최소 216만 원, 적정 생활비는 298만 원이다.

우리가 바라는 것은 '최소'가 아니다. 병원비 걱정에 여행을 포기하고, 외식을 줄이고, 문화생활을 접는 삶이 목표는 아닐 것이다. 우리가 지향해야 할 것은 '적정' 그 이상이다. 개인 적정 생활비 197만 원에서 100만 원을 더한 300만 원이 이 책이 제시하는 연금 목표액이다.

계산해보자. 국민연금과 사적연금, 그리고 65세 이상 소득 하위 70% 이하에게 지급되는 기초연금(2025년 기준 1인 최대 월 34만 2,510원)을 합쳐 월 120만~130만 원 정도를 수령한다고 가정해보자. 월 300만 원이 필요한데 170만~180만 원이 부족하다(물론 개인의 자산 상황과 수령액에 따라 상황은 크게 달라질 수 있다).

이제 감이 오는가? 한 달 170만 원의 공백. 이 금액이 20년 간 이어지면 약 4억 800만 원이다. 누군가에겐 적은 돈일 수 있지만, 은퇴를 앞둔 대부분에게는 숨이 턱 막히는 숫자다. 그동안 모아둔 자산이 없다면 이 금액은 막연한 공포로 다가온다.

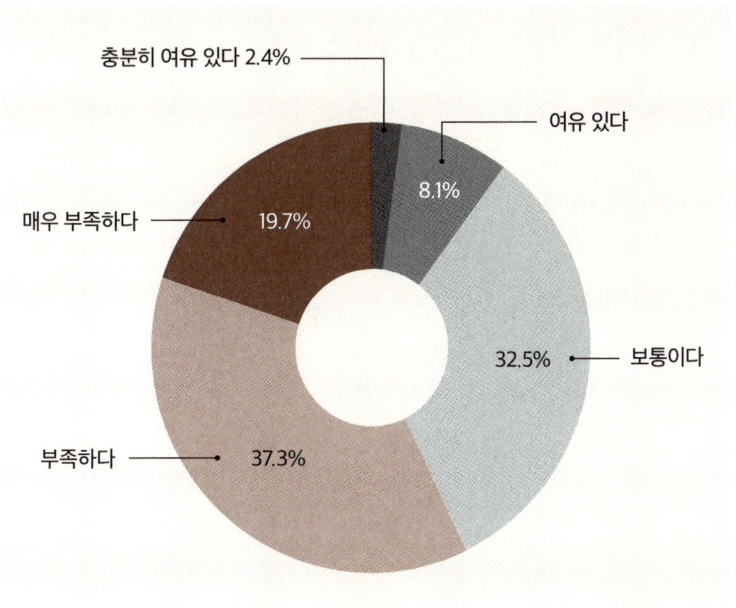

실제 통계도 이를 뒷받침한다. 통계청 가계금융복지조사에 따르면 은퇴 가구 중 현재 생활비가 '충분히 여유 있다'고 응답한 비율은 2.4%, '여유 있다'는 8.1%에 불과하다. 반면 '부족하다' '매우 부족하다'는 응답은 57%로 절반을 훌쩍 넘는다. 이미 많은 은퇴 가구가 소득 공백의 압박을 체감하고 있는 것이다.

걱정스러운가? 지금은 막막하게 느껴질 수 있다. 그러나 이 숫자는 공포의 대상이 아니라 은퇴 설계의 출발점이자 달성 가능한 목표다. 목표가 구체적일수록 전략도 구체화된다. 방법을 알고, 순서를 지키고, 시간을 활용한다면 결코 비현실적인 목표가 아니다.

이제 우리는 막연한 불안을 숫자로 바꿨다. 다음은 그 숫자를 현실로 만드는 전략을 이야기할 차례다.

연금계좌라는
그릇부터 채워라

A와 B는 모두 50세 전후의 직장인이다. 비교적 큰 굴곡 없이 직장생활을 이어온 A는 연금을 차곡차곡 쌓아두었다. 이제는 은퇴 이후 안정적인 현금흐름을 만들기 위해 어떻게 운용할지 고민하는 단계에 들어섰다. 자산 '증식'보다는 '유지와 배분'이 중요한 시점이다.

반면 옆 부서의 B는 사정이 다르다. 40대 중반 실직을 겪으며 퇴직금을 IRP로 옮겼지만, 예상치 못한 지출이 생기면서 그 자금을 모두 인출해 사용했다. 재취업에 성공해 다시 몇 년을 근무했지만 연금계좌는 사실상 0원에서 다시 시작하는 상황이다.

B는 "안정적인 노후는 이미 늦었다"며 낙담하고 있다. 정말 그럴까? 연금은 한 번의 단절로 끝나는 구조가 아니다. 중요한 것은 출발선이 아니라, 지금 주어진 조건에서 어떤 전략을 세우느냐다.

1장에서는 '꼬마빌딩'으로 채워진 연금의 관념을 금융자산으로 돌리기 위해 노력했다. 머릿속에 들어 있는 고정관념을 바꾸는 일이 쉽지는 않겠지만, 이제는 보다 현실적인 계획이 필요하다.

앞서 규제에 노출된 부동산보다 금융상품이 유리한 점에 대해 설명했고, 특히 연금에 활용할 수 있는 환금성이 뛰어난 자산, 주식과 채권 그리고 ETF의 세부적인 특징을 검토했다. 펀드 역시 활용 가능한 영역이지만, 폐쇄형 펀드는 보다 보수적으로 접근하자는 의견을 덧붙였다. ETF는 상품 구성이 다양해 연금 운용에 활용할 여지가 크다는 점도 다시 한번 강조했다.

이를 실제로 담을 수 있는 실무적인 바스켓으로 연금저축,

IRP, ISA 3가지 대표적인 연금계좌를 제시했다. 나아가 보다 유연한 운용을 위해 해외주식 계좌를 활용한 직접투자, 특히 개별 종목과 특수 전략 ETF를 활용하는 방안도 기술했다.

만약 연금을
다 써버렸다면?

본격적으로 연금 운용에 들어가기에 앞서 한 가지 고민해볼 문제가 있다.

A처럼 50세 전후고, 지금까지 정상적으로 퇴직금을 모아놓았다면 별 문제가 없을 것이다. 또는 퇴직금은 아니더라도 일정 수준 이상의 금융자산을 확보했다면 운용을 바로 고민하는 것이 당연하다. 하지만 우리의 삶은 항상 굴곡이 있다. 때때로 불가피하게 연금계좌를 중도해지해야 하는 일도 생긴다. B처럼 40대 중반에 실직해서 IRP로 돈을 옮겼다가 모두 써버릴 수도 있고, 각종 개인적인 일(이사, 결혼, 질병 등)로 어렵게 모은 돈을 써버렸을 수도 있다.

　　당신이 B의 입장이라면 그냥 모든 것을 포기할 것인가? 아니다. 다소 부족할 수는 있어도 늦지는 않았다. 불가피하게 연금계좌가 리셋되었다면 퇴직하기 전인 55세까지 다시 돈을 모아야 한다. 50세부터 54세까지, 남은 시간이 길지 않은데 과연 얼마나 모을 수 있을까 하는 생각이 들 수 있다. 막연한 체념에 앞서, 연금계좌 구조 안에서 세제 혜택을 최대한 활용했을 때 어느 정도까지 자산을 쌓을 수 있는지부터 계산해보는 것이 순서다.

　　연금이 불의의 이벤트로 없어진 경우, 지금부터라도 늦지 않았으니 다시 시작하면 된다. 돈은 다시 넣으면 된다. 다만 연금이라는 목적상 방법을 달리할 필요가 있다. 앞서 언급한 연금저축, IRP, ISA를 기억하는가? 3가지 상품(제도)이 헷갈린다면 앞으로 돌아가서 다시 한번 읽어보자. 시작을 엉뚱한 곳에서 하면 나중에 바로잡기 어렵기 때문에 길을 잘 잡아야 한다.

　　50세에 시작해 55세까지 5년, 운이 좋아 60세까지 직장생활을 이어갈 수 있다면 10년이다. 이 기간 동안 3가지 연금계좌를 활용해 자금을 모은다면 세금을 줄이면서 동시에 자산을 축적하는 '일거양득'의 효과를 기대할 수 있다.

　　냉정하게 50세부터 54세까지 5년은 연금 준비에서 '수익률'보다 '구조'가 더 큰 힘을 발휘하는 구간임을 잊지 말아야 한다. 연금저축과 IRP를 합산해 연간 최대 1,800만 원을 넣을 수 있고, ISA는 해마다 2천만 원(5년 누적 1억 원)까지 채울 수 있다. 즉 5년 동안 원금으로만 따지면 연금계좌에서 9천만 원, ISA에서 1억 원을 채울 수 있다.

그런데 여기서 사람들이 자주 놓치는 핵심이 있다. 돈을 넣는 순간부터 이미 '확정수익'이 시작된다는 점이다. 연금저축과 IRP는 넣은 금액 전부가 아니라 세액공제 한도인 연 900만 원(연금저축 600만 원+IRP 300만 원)까지만 세금에서 감해주는 혜택이 붙는다. 공제율이 높은 구간이면 해마다 148만 5천 원(900만 원의 16.5%), 그 외 구간이면 118만 8천 원(900만 원의 13.2%)이 연말정산에서 되돌아온다. 5년이면 각각 742만 5천 원, 594만 원이다. 시장이 오르든 내리든, 내 포트폴리오가 흔들리든 말든 상관없이 확정수익이 먼저 깔리는 셈이다.

ISA는 매년 돌려받는 세액공제는 없지만 3년 이상 유지할 경우, 운용 이익을 정리할 때 초과분에 대해 분리과세가 적용되는 방식이라 수익이 날수록 절세 효과가 붙는다. 그리고 만기 자금을 60일 안에 연금계좌로 옮기면 옮긴 금액의 10%(최대

300만 원)를 추가로 세액공제 받을 수 있다.

결국 50세부터의 5년은 시장을 맞히는 기간이 아니라, 연금계좌라는 '그릇'을 채우고 세금 누수를 막아 확정적으로 남는 돈을 쌓은 다음, 그 위에 투자 수익을 얹는 시간이다. 이렇게 그릇부터 채우고 이후 어떻게 운용할지에 대해서는 뒤에서 다시 논의하겠다.

가장 효율적인
납입 순서

3가지 절세계좌를 모두 활용하면 연간 최대 3,800만 원까지 세제 혜택을 받을 수 있다. 3,800만 원 전액을 납입할 수 있다면 큰 고민은 필요 없다. 그러나 연간 투자 여력이 한정적이라면 이야기는 달라진다. 각 계좌마다 성격이 다르기 때문에 어떤 계좌부터 채우느냐에 따라 절세 효과는 크게 달라진다. 순서를 지키면 같은 금액으로 더 많은 세금을 줄일 수 있고, 그렇지 않으면 일부 혜택을 놓칠 수 있다.

연금저축 납입(600만 원)→IRP 납입(300만 원)→ISA 납입(1천만 원)->연금저축 추가 한도 납입(900만 원)->ISA 잔여 한도 납입(1천만 원)

먼저 세제 혜택을 가장 많이 받을 수 있는 연금저축과 IRP부터 채우는 것이 좋다. 연금저축은 1년에 600만 원까지만 세액공제 대상이므로 먼저 연금저축을 채우고, 그다음에 IRP에 300만 원을 채운다.

이때 IRP보다 연금저축이 우선시되는 이유는 IRP는 위험자산에 70%까지만 투자할 수 있는 제한이 있기 때문이다. 또 추후 연금을 깨야 할 때도 연금저축은 조건을 충족하면 일부 인출이 가능한 반면, IRP는 계좌 전체를 깨야 하기 때문에 환금성 면에서 불리하다.

연금저축과 IRP에서 900만 원을 채운 다음에는 ISA에 납입할 차례다. 연간 한도가 2천만 원인데 1천만 원만 먼저 채우는 이유는 만기가 된 ISA를 연금저축이나 IRP에 입금하면 최대 3천만 원의 10%, 즉 300만 원에 대해 추가로 세액공제를 해주기 때문이다. ISA 만기가 된 해에는 한 해에 누릴 수 있는 세액공제 한

납입 순서		연 납입액
1	연금저축	600만 원
2	IRP	300만 원
3	ISA	1천만 원
4	연금저축	900만 원
5	ISA	1천만 원

도가 900만 원에서 1,200만 원으로 늘어나게 된다. 만기 3년 동안 3천만 원을 넣으면 되니까 1년에 1천만 원씩을 먼저 넣는 것이다(물론 꼭 1천만원 씩 나눠서 넣는 것이 아니라, ISA 만기 시점에 3천만 원을 한 번에 넣어도 된다).

ISA에 1천만 원을 넣은 다음에도 여윳돈이 남는다면 연금저축 추가 한도를 채우면 된다. 연금저축을 다시 우선시하는 이유는 세액공제 받지 않은 원금의 경우 제약 없이 언제든 출금할 수 있기 때문이다. ISA는 3년간 묶이는 돈이기 때문에 환금성 측면에서 연금저축이 유리하다. 그리고 또 돈이 남는다면 ISA에서 남은 잔여 한도 1천만 원을 채운다.

이렇게 연간 3,800만 원을 채우는 것이 가장 효율적인 납입 순서다.

이미 어느 정도 자산을 이룬 사람이나 아직 갈 길이 먼 사람이나, 사실 출발선은 크게 다르지 않다. 다만 마음의 여유와 급함이 다를 뿐이다. 연금계좌가 넉넉한 A는 '이제부턴 지키는 싸움'이란 생각에 불안하고, 앞으로 채워야 할 돈이 많은 B는 팍팍한 출근길이 괴롭다. 그럼에도 둘 다 해야 할 일은 비슷하다. 앞으로도 일정한 수입이 필요하다는 사실을 인정하고, 그 수입이 '우연히'가 아니라 '구조적'으로 나올 수 있게 만드는 전략을 실천하는 것이다.

이제 시간이 날 때마다 급등주를 찾는 일은 접어두자. 그 모험을 할 시기는 이미 지났다. 포기할 것은 포기해야 한다. 연금은 한 방 크게 버는 게임이 아니라, 지속가능한 현금흐름을 설계하는 기술이기 때문이다.

연금 운용의 목표를 아주 단순하게 정의하면 '월급의 복원'이다. 물론 직장 시절 받던 급여 전부를 그대로 재현하라는 뜻은 아니다. 퇴직 후에도 삶의 리듬이 무너지지 않을 만큼의 현금흐름을 만들고, 그 위에 여유가 생기면 '삶의 질'을 차곡차곡 더해가는 방식이다. 이때 중요한 것은 얼마나 많이 버느냐가 아니라,

세후로 얼마가 손에 남는지다. 그리고 그 돈이 어떤 구조로 끊이

지 않고 들어오는지가 핵심이다.

따박따박
월배당 설계하기

프리랜서 C는 은퇴를 앞두고 여윳돈으로 국내 배당주를 매수했다. 안정적이고 높은 배당률을 내세우는 통신주와 금융지주를 중심으로 담고, 경기 사이클을 타지만 배당이 두둑한 철강·소재 대형주도 포트폴리오에 포함했다.

그런데 배당은 꾸준히 들어오는데 금액은 생각보다 크지 않았다. 무엇보다 주가가 좀처럼 오르지 않았다. 원금이 크지 않으니 배당도 제한적이고, 배당주의 특성상 큰 자

본차익을 기대하기도 어려웠다. 생활비로 사용해야 하니
배당을 재투자할 수도 없었다.

많은 사람이 배당을 이야기할 때 배당수익률이 몇 퍼센트인지
부터 묻는다. 그런데 연금의 관점에서는 질문을 조금 바꿔야 한
다. 당장의 배당수익률보다 배당이 꾸준히 나오는지, 배당이 성
장하는지, 세금을 떼고도 내 통장에 남는 돈이 얼마인지가 더 중
요하다. 똑같이 6% 배당을 준다고 해도 세후 현금흐름이 다르
면 연금 설계는 완전히 달라진다. 그래서 배당액 목표를 세울 때
는 처음부터 세후 기준으로 생각하는 게 맞다.

C처럼 국내 배당주로 현금흐름을 만들려는 시도는 자연스
럽다. 익숙하고, 거래가 편하고, 통장 밖으로 돈이 새는 느낌(환
전, 세금 등)이 상대적으로 덜하다. 통신·금융·일부 제조업 대형
주는 전통적으로 배당을 챙기는 투자자들이 자주 찾는다.

예를 들어 KT나 SK텔레콤과 같은 통신주, KB금융·신한지
주·하나금융과 같은 금융지주, 그리고 사이클을 타지만 배당이
두툼해질 때가 있는 철강·소재 대형주(예를 들어 포스코 계열) 등
이 대표적인 국내 배당주 레퍼토리다. 다만 C처럼 국내 배당주

만으로 월급을 복원하려고 하면 금방 벽을 만난다. 배당의 따박따박은 만들 수 있어도, 자산의 우상향이 아쉬운 구간이 길게 나올 수 있기 때문이다. 배당을 받는 기쁨은 있는데, 자산의 체력이 같이 따라오지 못하면 어느 순간 인출의 부담이 커진다. 노후가 길수록 '원금의 체력'이 중요해진다.

그래서 많은 연금 투자자가 시선을 해외로 돌린다. 특히 미국 시장은 배당 문화 자체가 다르고, 배당을 '유지'하는 수준을 넘어 '성장'시키는 기업이 많다. 다만 여기서도 현실은 냉정하다. 해외 배당주가 더 좋아 보여도 세금 문제에서 자유로울 순 없다. 같은 배당이라도 어떤 통장(계좌) 안에서 받았는지, 국내상장 ETF로 받았는지, 해외상장 ETF로 받았는지에 따라 체감이 달라진다. 그래서 배당은 세금 구조부터 이해해야 한다.

배당만으로 월급을 복원하기가 부담스럽다면 자연스럽게 다음 재료로 넘어간다. 바로 채권 이자다. 채권의 이자, 즉 쿠폰이야말로 가장 따박따박에 부합하는 재료다. 여기서도 중요한 질문이 있다. 우리나라 채권 이자만으로 연금 운용이 가능할 것인가? 결론부터 말하면 생활비만큼 벌기에 부족할 수 있다.

2025년 12월 31일 기준으로 미국 10년 국채금리는 약

4.153%, 30년 국채금리는 약 4.813% 수준이었다. 같은 날 독일 10년물은 약 2.368%, 독일 30년물은 약 3.480% 수준으로 확인된다. 영국 10년물도 약 4.474%였다. 일본은 장기물(30년물)만 보더라도 약 3.405% 수준이었다. 이 숫자들은 정답이 아니라 출발점이다. 국채 금리는 시시각각 움직이고, 환율도 움직인다. 다만 하나는 분명해진다. 따박따박을 채권 이자에서 만들려면 국내만으로는 그림이 너무 작다.

그럼 회사채는 어떨까? 미국 투자등급 회사채는 국채보다 이자를 더 준다. 대신 듀레이션이 길어지는 구간이 많아 금리가 오르면 가격이 흔들릴 수 있다. 반대로 투기등급(하이일드)은 금리 민감도가 상대적으로 덜한 구간도 있고 이자도 두툼해 보이지만, 경기가 꺾이면 부도 위험이 커진다. '투기등급을 무작정 사랑할 필요도, 무작정 미워할 필요도 없다.' 그래서 연금 투자자의 결론은 대체로 이렇다. 경기가 괜찮고 신용 사이클이 버틸 때는 포트폴리오의 인컴(이자)을 높이는 엔진으로 쓸 수 있고, 경기가 꺾이면 비중을 줄이는 방식으로 다루면 된다. 문제는 '그걸 어떻게 하느냐?'인데, 결국 실전에서는 개별 채권보다 채권 ETF로 구현하는 편이 훨씬 현실적이다.

현금흐름 설계와 관련된 용어들

용어	내용
배당수익률	현재 가격 대비 배당이 얼마나 나오는지(하지만 '과거 배당'일 수 있어 맹신 금지)
배당성장률	배당이 시간이 갈수록 늘어나는 속도(연금의 체력을 키우는 핵심 변수)
배당성향	벌어들인 이익 중 배당으로 얼마나 돌려주는지(너무 높으면 지속성에 경고등)
배당락·배당락일	배당을 받을 권리가 떨어지는 날의 가격 조정('왜 떨어지지?' 놀라지 않기)
배당기준일	배당을 받을 권리를 확정하는 기준일(정확한 매수 시점 계획에 필요)
총수익률	가격 상승+배당(분배금)까지 합친 진짜 성과(연금은 반드시 이 기준으로 판단)

월배당을 위한
해외 투자

배당과 이자를 섞어 '월급 복원'을 하려는 순간, 연금 투자자가
반드시 만나게 되는 영역이 있다. 바로 월지급식 인컴 ETF, 그리
고 커버드콜 ETF다. 여기서부터는 본격적으로 '수익률'보다는
현금흐름의 형태가 먼저 눈에 들어온다. 매달 들어오는 돈이 눈
에 보이면 마음이 편해지고, 마음이 편해지면 투자 원칙을 지킬

확률이 높아진다. 다만 이 평온함이 때로는 양날의 검이 될 수 있다. 인컴 ETF는 수익을 현금흐름 형태로 바꿔서 보여주는 능력이 강한 상품이기 때문이다.

커버드콜의 구조도 알고 있어야 한다. 주식을 들고 있으면서, 그 주식을 일정 가격에 살 수 있는 약속(콜옵션)을 팔아 프리미엄을 받는 형태다. 주가가 크게 오르면 더 벌 수 있었던 기회를 포기해야 하지만, 그 대신 그 기회를 '지금의 현금'으로 바꾼다. 상승의 일부를 미리 이자로 당겨 받는 구조라고 이해하면 쉽다. 다시 말해 미래의 상승 여지를 일부 넘겨주는 대신 현재의 확정수익을 확보하는 구조다. 그렇게 받는 작은 이자가 프리미

커버드콜의 구조

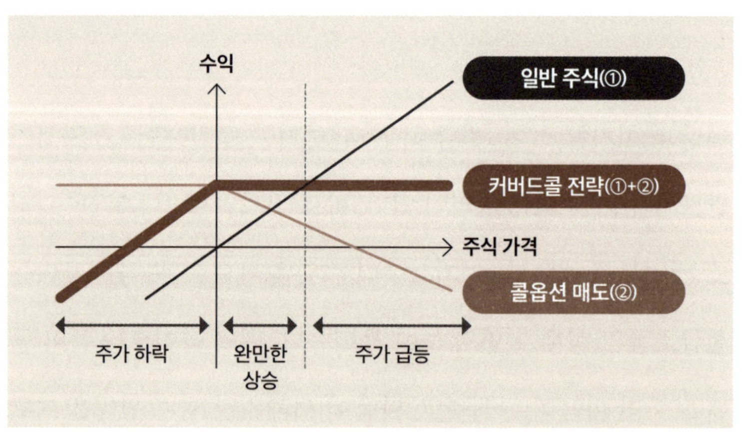

엄이고, 이자요, 배당이다.

장이 횡보하거나 완만히 오를 때는 현금흐름이 매력적으로 보이지만, 시장이 강하게 오를 때는 상승폭이 제한될 수 있고(상승의 일부를 옵션에 '넘겨줬기' 때문이다), 반대로 크게 빠지는 시장에서는 '배당'만으로는 손실을 완벽히 지워주진 못한다.

즉 커버드콜 ETF는 방패가 아니라 '현금흐름 변환기'에 가깝다고 보면 된다. 다만 이런 계열에서 반드시 확인해야 할 문장이 있다. 분배금이 원금의 일부를 돌려주는 형태, 즉 ROC(Return of Capital)를 포함할 수 있다는 점이다. 예를 들어 'QYLD'는 분배금이 원금 환급(ROC)을 포함할 수 있음을 안내하고 있다. 'QDVO'도 마찬가지로, 2025년 12월 31일 분배금에서 추정 기준으로 97% 원금 환급이 포함되었다고 별도로 안내한다.

ROC가 높은 것을 두고 무조건 나쁜 배당이라는 뜻은 아니다. 회계상 옵션 프리미엄이 원금으로 계상되고, 이를 배당한다는 의미이기 때문이다. 다만 연금 운용자로서 부수적인 입장에서 말하자면, 원금을 과도하게 빼서 배당으로 쓸 수 있기 때문에 운용 전략을 자세히 뜯어봐야 한다는 뜻이다.

커버드콜의 또 다른 변형은 'JEPI' 'JEPQ'와 같은 '인컴 설계형'이다. 이 계열은 단순 커버드콜처럼 지수를 통째로 덮는 방식이라기보다, 배당·주식 포트폴리오에 옵션 프리미엄을 섞어 현금흐름을 만든다는 설명으로 많이 소개된다.

이 밖에 살펴야 할 재료로는 'SCHD', 일명 슈드가 있다. 'SCHD'는 배당 '고정'이 아니라 배당 '성장'의 성격이 강한 쪽으로 분류되는 대표 상품이다. 그런데 최근 수년간 기술주 주도의 장이 펼쳐지면서 기대했던 것만큼 성과가 나오지 않아 실망이 커졌다. 필자도 여러 경로에서 2025년 성과 부진에 대한 질문을 받았는데, 연금 투자자들에게 전하고 싶은 메시지는 단순하다. 'SCHD'가 나쁘다는 결론이 아니라, 배당 ETF도 결국 시장 스타

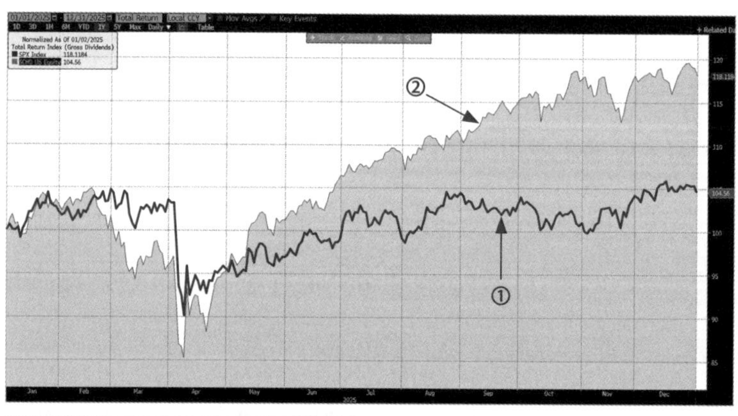

2025년 SCHD(①)와 S&P500(②) 성과 비교

일(성장 혹은 가치), 섹터 비중, 금리 환경의 영향을 크게 받는다는 사실이다. 배당을 원한다는 이유만으로, 상품에서 선정한 주식의 배당이 어떤 방식으로 만들어지고 무엇에 영향을 받는지 살피지 않으면 연금 설계는 흔들린다. 그러한 관점에서 'SCHD'는 고배당을 창출할 수 있는 우량주를 엄격하게 선별해 투자하는 ETF로, 2025년의 부진이 2026년 1월 들어 회복되었듯이 장기 투자 관점에서 효과를 기대할 수 있는 자산이다.

마지막으로 월급 복원을 이야기하면서 우선주를 빼놓을 수 없다. 미국 우선주는 '주식 같기도 하고 채권 같기도 한' 성격 때문에 인컴 자산으로 자주 활용된다. 대표 우선주 ETF인 'PFF'와 같은 상품은 금리와 신용 환경에 따라 가격 변동이 커질 수 있지만, 인컴 자산의 한 축으로 계속 연구할 가치가 있다. 다만 우선주는 금리 환경이 바뀌는 구간에서 생각보다 출렁일 수 있으니, 연금 자금에서는 '올인'이 아니라 '조합'의 재료로 두는 편이 정답에 가깝다.

주요 ETF별 전략과 특성(2026년 1월 20일 기준)

티커	상품명	운용사	주요 전략	보수(총)	운용자산(AUM)	설정연도	12개월 이자율	1년 총수익률
JEPI	JPMorgan Equity Premium Income ETF	JPMorgan	주식+옵션 프리미엄(낮은 변동성의 미국 주식+ELN 프리미엄으로 월별 현금흐름 창출)	0.35%	41.49B	2020년	8.19%	8.10%
JEPQ	JPMorgan Nasdaq Equity Premium Income ETF	JPMorgan	나스닥100+옵션 프리미엄(나스닥100 주식+ELN 프리미엄으로 인컴 창출)	0.35%	32.92B	2022년	10.57%	15.20%
XYLD	Global X S&P 500 Covered Call ETF	Global X	S&P500 바이라이트(S&P500 포트폴리오를 바탕으로 매월 1개월 ATM 커버드콜 활용, 프리미엄 분배)	0.60%	3.1B	2013년	9.89%	7.99%
RYLD	Global X Russell 2000 Covered Call ETF	Global X	러셀2000 바이라이트(러셀2000 포트폴리오를 바탕으로 매월 ATM 커버드콜 활용, 인컴 창출)	0.60%	1.3B	2019년	10.74%	5.61%
QYLD	Global X NASDAQ 100 Covered Call ETF	Global X	나스닥100을 보유하고 콜옵션을 팔아(커버드콜) 월 분배를 만드는 구조	0.60%	8.15B	2013년	11.62%	9.25%
SPYI	NEOS S&P 500 High Income ETF	NEOS	S&P500+옵션 인컴(S&P500+옵션 프리미엄 활용, 고배당 목표)	0.68%	7.26B	2022년	11.76%	6.66%
QQQI	NEOS Nasdaq-100 High Income ETF	NEOS	나스닥100+옵션 인컴(나스닥100+옵션 프리미엄 바탕, 월 현금흐름 성격 강화)	0.68%	7.94B	2024년	13.94%	18.61%
SCHD	Schwab US Dividend Equity ETF	Schwab	'배당+퀄리티' 성격의 미국 배당주 지수를 저보수로 장기 보유	0.06%	75.3B	2011년	3.65%	4.33%
PFF	iShares Preferred and Income Securities ETF	iShares	우선주 바스켓으로 배당(쿠폰) 흐름 창출	0.45%	14.2B	2007년	6.17%	4.87%

고배당에서
답을 찾다

연금계좌에 대해 공부하고, 연금 설계 구조를 빠삭하게 파악한 D. 이제 남은 것은 전략에 맞는 종목을 고르는 일뿐이다. 그런데 막상 매수 버튼을 누르려니 손이 쉽게 움직이지 않는다. 연금에서는 '급등하는 자산'보다 '끝까지 버티는 자산'이 중요하다는 사실을 D도 잘 알고 있다. 한두 해 수익률이 좋은 종목이 아니라, 수십 년을 견딜 수 있는 자산이어야 한다는 점도 이해하고 있다.

문제는 그다음이다. 그래서 끝까지 버틸 수 있는 자산이 어떤 자산이란 말인가? 연금은 '타이밍'보다 '지속성'이 중요한 게임이다. 그래서 더 어렵다. 오르는 종목은 뉴스가 알려주지만, 끝까지 버틸 자산은 스스로 판단해야 하기 때문이다. 수익률이 아니라 생존력을 기준으로 자산을 고른다면, D는 무엇을 담아야 할까?

앞서 자산 가치의 상승을 염두에 두고 장기 투자로 연금 관리를 하는 것을 다소 보수적으로 언급했다. 나이 50이 다 되어서, 혹은 50을 넘긴 상황에서 연금을 시작한다면 자산 가치 상승을 기대하는 일이 때로는 지치고 조마조마할 수 있다. 그럼에도 자산 가치 상승을 언급하는 이유는, 두 전략을 혼용하면 은퇴 직후 배당 수익이 다소 줄어들더라도 장기간 배당을 받을 수 있는 재원을 확보하는 데 유리할 수 있기 때문이다.

가령 은퇴 직후 소일거리라도 하면서 작은 수입이 있다면, 그만큼 배당을 줄이고 자산 증대에 활용할 수 있지 않을까? 연금에서 '장기 투자'는 대박을 노리라는 말이 아니다. 시간을 내 편으로 만들고, 그 시간을 버틸 수 있는 구조를 갖추는 일이다.

주식 시장의 장기 평균 수익률은 결국 '시간을 오래 끌고 갈수록 평균에 수렴하는 힘'을 보여준다. 물론 어느 해는 크게 흔들리지만, 길게 보면 미국주식의 장기 연평균 수익률은 대체로 10% 내외의 '긴 호흡'을 보였다.

문제는 연금 운용에서 그 평균을 그대로 들이키면 탈이 난다는 점이다. 지수(S&P500)에는 IT처럼 변동성이 큰 섹터도 섞여 있고, 헬스케어 섹터 등도 개별 이벤트에 따라 출렁일 수 있다. 그래서 연금 운용에서 지수 투자 비중을 무작정 높이는 방식은 목적과 배치되는 순간이 온다. 연금은 '오르는 자산'보다 '끝까지 버티는 자산'이어야 하기 때문이다.

그렇다면 자산의 가치 상승을 고려할 때 무엇을 먼저 봐야 할까? 필자는 반드시 해외 자산을 먼저 고려해야 한다고 본다. 특히 미국 시장은 장기적으로 자산 가치 상승의 '트렌드'가 비교적 뚜렷하게 잡혀 있는 편이다. 다만 연금 관점에서는 미국 지수 자체보다, 배당이 있으면서도 자산이 같이 커질 수 있는 자산을 살펴보는 편이 현실적이다.

S&P500의 배당수익률은 보통 아주 높지 않다. 그래서 연금에서 '배당+자산 증대'를 함께 노린다면 고배당주(혹은 배당

성향이 높은 기업들)로 어느 정도 좁혀서 보는 편이 낫다. 예를 들어 'HDV' 'SPYD' 'VYM'과 같은 고배당주 ETF를 살펴보자. 'SCHD'도 빼놓을 수 없다. 이들은 공통적으로 '배당을 주는 큰 기업들'을 묶어 놓은 바스켓이다. 이들 ETF에 투자하면 배당으로 심리가 덜 흔들린다는 장점이 있어 장기적으로 보유하기에 최적이다.

포트폴리오를 보면 상대적으로 에너지·산업재·유틸리티와 같은 섹터의 기업이 많다. 물론 이들 섹터도 각각의 ETF가 있으니 유용하게 활용할 수 있다. 에너지 섹터에는 대표적으로 'XLE' 'VDE'라는 상품이 있고, 유틸리티 섹터는 'XLU' 'VPU'가 있으며, 산업재는 'XLI' 'VIS'가 있다. 이 섹터형 ETF들은 '배당만'을 위해 만들어진 상품은 아니지만, 연금 관점에서 보면 현금흐름 좋은 기업들을 포트폴리오에 많이 담을 수 있어 운용의 일부로 활용이 가능하다.

문제는 비중이다. 연금에서 섹터는 '메인'이 아니라 '양념'일 때가 많다. 메인은 흔들리지 않는 뼈대(배당·퀄리티·현금흐름)고, 양념은 시장 국면에 따라 내 포트폴리오의 기울기를 조절해주는 역할을 한다. 그래도 만약에 부족하다면 기본적으로 고배당

ETF와 섹터를 일부 활용하고, 적은 비중으로 좋은 개별 주식에 투자하면 된다. 다만 개별 종목을 고르는 게 쉬운 일은 아니기에 이제부터 소개할 방법을 참고해보자.

다시 한번 강조하지만 연금 운용의 목적이 자산 가치의 극대화에만 있는 것은 아니다. 배당과 이자를 중심에 두되 상대적으로 안전한 자산으로 기초를 다지고, 동시에 상승장의 과실을 일부라도 함께 누릴 수 있도록 설계해야 한다. 소외되지 않으면서도 무너지지 않는 구조. 그것이 연금 전략의 핵심이다.

고배당주를 고르는 현실적인 공부법

많은 사람이 고배당주를 고른다고 하면, 무작정 검색하다가 '배당수익률이 높은 이유가 있는 주식'을 잡는 실수를 한다. 만인 적정한 종목을 고르기 어렵다면 주요 고배당 ETF의 상위 보유 종목 10개를 필터링해서 보면 좋다. 시장과 운용사가 1차로 걸러준 결과물이기에 분석이 용이하다. 방법은 간단하다.

1. 주요 고배당 ETF의 포트폴리오를 확인한다.

2. 상위 10개 종목을 뽑는다.

3. EPS가 무너지지 않는 기업을 추린다.

4. 배당이 꾸준히 증가하는 기업을 추린다.

5. 배당이 추가로 늘어도 회사가 버틸 체력이 있는지 현금흐름을 확인한다.

6. 그러한 종목 중 '내가 이해할 수 있는 기업'을 추려서 장기 보유 후보로 둔다.

예를 들어 애브비(AbbVie)는 'HDV'와 같은 고배당 ETF의 상위 보유종목으로 자주 등장하는 기업이다. 자세히 살펴보면 배당이 2020년 4.72달러에서 2026년 6.92달러로 꾸준히 증가했고, EPS도 연도별로 출렁임은 있지만 3~5년 관점에서 보면 상승 트렌드를 유지했다. '휴미라'라는 히트 상품의 시장성이 약화되면서 회사는 차세대 면역 치료제 상품들을 출시했다. 이들 상품이 성공적으로 휴미라의 자리를 대체하면서 상당한 수준의 잉여현금흐름이 나타났다. 연금 투자에 적합한 주식인 것이다.

연금 운용에서 배당주는 '많이 주는 것'만으로 끝나지 않는다. 더 중요한 것은 그 배당이 앞으로도 '계속 나올 수 있느냐'다. 여기서 연금 투자자에게 기준점이 하나 생긴다. EPS가 시간이 갈수록 늘고, 그 흐름을 바탕으로 배당도 함께 늘어나는 기업을 찾아야 한다. 배당은 결국 회사가 벌어들인 이익의 분배다. 이익이 뒷받침되지 않는 배당은 언젠가 무리한 약속이 되고, 무리한 약속은 연금 생활에서 가장 불편한 형태의 변동성, 즉 배당 삭감과 주가 하락으로 되돌아오기 쉽다. 반대로 EPS가 성장하며 배당도 같이 자라는 기업은 어떨까? 은퇴 직후 배당을 조금 덜 받더라도, 시간이 지나면서 배당을 받을 수 있는 재원 자체를 키워주기 때문에 연금의 수명을 늘리는 쪽으로 작동한다.

애브비와 유사한 성격의 종목으로 홈디포(Home Depot)를 들 수 있다. 홈디포는 성과가 좋을 때 보너스처럼 배당을 주는 것이 아니라, 비교적 일관된 주주환원 정책의 일부로 지급해왔다. 실제로 장기간의 분기 배당 지급 흐름이 이를 증명한다. 연금 투자자는 여기서 힌트를 얻을 수 있다. 배당의 역사는 단순한 기록이 아니라, 회사가 경기와 사이클을 통과하며 현금흐름을 유지 및 분배한 방식의 축적인 것이다. 물론 예외는 있을 수 있지만 적어도 연금 운용자가 원하는 '따박따박'의 성격에 가까운 기업으로 볼 여지가 많다. 배당을 단기 이벤트로 보지 않는다는 것 자체가 매력적이기 때문이다.

추가로 필립모리스 인터내셔널(Philip Morris International)과 같은 종목 또한 연금 운용자가 활용할 만한 주식이다. 사업의 축 자체에 현금흐름이 분산되어 있단 점이 매력이다. 첫 번째 축은 여전히 강한 담배 사업이다. 규제 산업이긴 하지만 브랜드·유통·가격결정력 덕분에 경기와 무관하게 현금이 꾸준히 남는 구조다. 두 번째 축은 회사가 집중하는 스모크프리(Smoke-Free) 라인업이다. 가열식(IQOS), 니코틴 파우치(ZYN), 전자담배(VEEV)처럼 제품군을 넓히면서 현금흐름은 유지하되 성장 스토리를 붙이는 방향으로 체질을 바꾸고 있다. 실제로 스모크프리 비중이 매출에서 40% 안팎까지 올라왔다는 보도도 있다.

연금 운용 측면에서 이러한 변화가 중요한 점은 단순히 '배당주' '성장주'라는 관점이 아니라, 안정적인 성숙 산업의 '고정적 캐시카우'와 성장하는 '대체 제품군'을 함께 보유해 현금흐름을 다변화했다는 데 있다. 배당의 지속 가능성을 더욱 단단하게 만들 여지가 생기기 때문이다.

필립모리스 인터내셔널은 현재 기준으로 배당수익률이 약 3%대 중반으로 '따박따박'의 기본 재료가 되는 수준은 갖추고 있다. 이런 종목을 포트폴리오에 포함한다면 '한 방'을 노리고 사는 것이 아니라, 장기적으로 배당의 재원을 보강해줄 가능성을 사는 쪽에 가깝다. 물론 담배·니코틴 산업 특유의 규제와 소송 리스크에 유의해야 하며, ESG 관점에서도 아쉬운 점은 있다.

참고로 5년간(2021~2025년) 배당을 제외하고 주가만 보면 S&P500이 84% 오르는 동안 애브비는 116%, 홈디포는 30%, 필립모리스 인터내셔널은 96% 상승했다. 여기에 배당을 포함한 총수익률 기준으로 보면 고배당주들은 지수 대비 상당한 추가 수익을 제공했으며, 특히 애브비와 필립모리스 인터내셔널은 배당 기여도가 매우 컸다.

이런 식으로 상위 보유종목을 몇 개만 제대로 파보면 '배당을 많이 주는 주식'이 아니라 '배당을 오래 줄 수 있는 주식'을 찾는 쪽으로 눈이 바뀐다.

정리하면 장기 투자와 배당을 섞는다는 것은 둘 중 하나를 선택하는 문제가 아니다. 은퇴 직후에 배당이 조금 줄어들어도, 자산을 키워서 배당을 받을 '원천' 자체를 늘려놓는 설계가 가능

주요 고배당 ETF(HDV) 상위 보유종목 10개

순위	티커	종목명	비중(%)
1	XOM	엑슨 모빌	8.46
2	CVX	셰브론	6.86
3	JNJ	존슨앤드존슨	6.75
4	ABBV	애브비	5.34
5	PG	P&G(프록터 & 갬블)	4.74
6	PM	필립 모리스 인터내셔널	4.37
7	HD	홈디포	4.2
8	KO	코카콜라	4.09
9	PEP	펩시코	3.6
10	MO	알트리아그룹	3.35

* 2025년 12월 31일 기준

해진다. 그러한 설계의 핵심은 급등주를 쫓아다니는 모험에 있지 않다. 배당 바스켓(HDV·VYM·SPYD 등)을 뼈대로 두고, 섹터(에너지·유틸리티·산업재)를 보조로 붙이고, ETF 상위 보유종목을 공부해 '내가 이해하고 함께 늙어갈 기업'을 남기는 데 있다.

이 정도면 50세에 시작하는 연금 운용에서 가장 위험한 적인 '조급함' '아쉬움'과 타협할 수 있지 않을까?

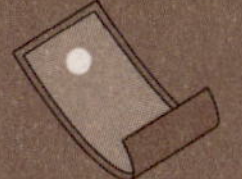

3장

마법의 연금 포트폴리오 ①

손실을 막는
구조 만들기

여러 연금 관련 책과 강연을 섭렵하며 이론을 빠삭하게 공부한 A대리. 절세계좌의 세액공제 구조도 알고, 과세이연의 장점도 이해했다. 연금 자산의 종류와 자산배분 이론까지 공부했다. 스스로 '이제 준비는 끝났다'고 생각했다. 마침 목돈도 있겠다, A대리는 갖고 있던 자금을 연금저축과 IRP에 한 번에 몰아넣는다. '장기 투자니까 괜찮겠지'라는 생각이었다.

그런데 시장이 크게 흔들린다. 예상치 못한 악재가 터지고, 지수는 단기간에 급락한다. A대리의 계좌는 순식간에 마이너스로 전환된다. 장기 투자를 다짐했지만 숫자로 찍히는 손실은 생각보다 크게 다가온다.

낙심한 A대리와 달리 옆자리 B대리는 "이럴 때를 대비해서 단기채를 담아놨지"라고 말하며 콧노래를 흥얼거린다. B대리는 하락한 자산을 천천히 쓸어 담는다. 현금성 자산과 단기채에서 일부를 꺼내 주가가 떨어진 자산을 추가 매수한다.

A대리는 배가 아프다. 현금, MMF, 단기채 성격의 상품을 전혀 담아두지 않았기 때문이다. '언제든 꺼낼 수 있는 자산'이 없으니 추가 매수는커녕, 혹시 더 떨어지면 어쩌나 불안만 커진다. 장기 투자라는 말은 머릿속에 있지만 구조는 단기 변동에 그대로 노출되어 있다.

자, 이제 지금까지 배운 이론을 실전에 적용할 차례다. 지금까지 여러 각도로 마음가짐, 투자의 재료, 운용의 간단한 구조 등을 공부했다. 지금부터는 '무엇을 사느냐'보다 '어떻게 굴리느냐'를 이야기하겠다. 이 부분은 여러 번 숙독을 권장한다.

같은 재료라도, 그릇과 조리법이 다르면 맛이 완전히 달라진다. 투자 자산도 마찬가지다. 종목이 좋다고 결과가 저절로 좋아지지는 않는다. 그것을 어떤 비율로 담고, 언제 조정하고, 어떤 역할을 부여하느냐가 성패를 가른다.

A대리의 잘못은 무엇일까? 연금은 한 방에 끝나는 게임이 아니다. 결승선까지 길고 긴 거리를 달려야 하는 마라톤이다. 마라톤에서 가장 중요한 것은 기록이 아니라 완주다. 그래서 우리는 먼저 '얼마를 벌 것인가?'가 아니라 '어떻게 무너지지 않을 것인가?'부터 설계해야 한다. 이것이 손실 금지 원칙의 출발점이다.

연금 자금 쪼개기

연금은 '한 방'이 아니라 '버티는 구조'가 먼저다. 그리고 그 구조는 생각보다 단순한 방법으로 만들어진다. 돈을 3개 계좌로 쪼개고, 각 계좌의 역할을 고정하는 것이다. 이렇게 해두면 시장이

3가지 연금계좌의 활용

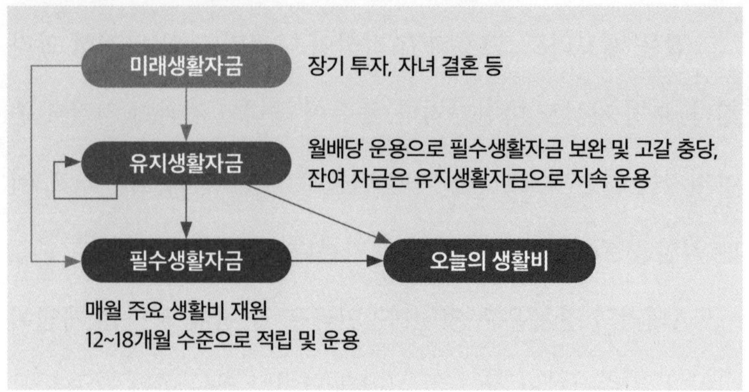

출렁일 때 머리가 복잡해지지 않는다. '지금 뭘 팔아야 하지?'가 아니라 '어느 계좌를 먼저 쓰지?'로 질문이 바뀐다. 질문이 바뀌면 행동이 바뀌고, 행동이 바뀌면 손실이 줄어든다.

먼저 필수생활자금(12~18개월 생활비, 최대 24개월)부터 살펴보자. 필수생활자금은 현금·단기채 중심으로 굴린다. 이 계좌의 목적은 딱 하나다. 혹시나 시장이 좋지 않을 때, 현금 마련을 위해 낮은 가격에 투자 자산을 매도하는 일을 피하기 위함이다. 즉 필수생활자금 계좌는 수익을 내기 위한 돈이 아니라, '내가 패닉에 안 빠지기 위한 자금'이다. 예를 들어 월 생활비가 300만 원이면 필수생활자금은 3,600만~7,200만 원 수준이어야 한다.

월 생활비가 500만 원이면 6천만~1억 2천만 원은 단기채나 현금화할 수 있는 낮은 변동성 자산에 투자해야 한다.

현금, MMF, 단기 국채, 초단기 채권 성격의 상품 등 언제든 꺼낼 수 있는 자산이 바람직하다. 이 계좌가 있으면 혹시나 시장이 -20%가 되어도 '나는 당장 팔 이유가 없다'는 마음가짐이 생겨 여유를 가질 수 있다. 연금저축, IRP를 활용하는 것이 좋다. 앞서 언급했지만, 연금저축과 IRP 내에서는 자금에 따라 세금이 아예 없을 수도 있고, 있다고 해도 퇴직소득세율의 60~70% 수준 또는 나이에 따라 3.3~5.5% 세율을 적용받는다. 따라서 필수생활자금을 연금 개시를 통해 받는다면 세부담이 적다.

두 번째는 유지생활자금이다. 유지생활자금은 채권과 일부 우선주를 담는다. 필수생활자금이 '오늘과 내일의 방패'라면, 유지생활자금은 '앞으로의 몇 년 또는 몇십 년의 기둥'이라 할 수 있다. 유지생활자금의 역할은 월급 흐름이 끊기지 않게 받쳐주는 역할과, 위험자산이 흔들릴 때 포트폴리오의 전체 낙폭을 완화하는 역할이다.

유지생활자금은 가장 중요한 자금이라 할 수 있다. 우리가 지금까지 논한 '운용'이라는 단어의 대부분은 유지생활자금을 두고 한 레토릭이다. A대리의 잘못은 단순히 공격적으로 투자했다는 데 있지 않다. 위험자산이 흔들릴 때 포트폴리오 전체의 낙폭을 완화해줄 완충 장치, 즉 유지생활자금을 고려하지 않았다는 점이 핵심이다. 모든 자산을 '성장'에만 배치하면, 시장이 좋을 때는 빠르게 늘어난다. 그러나 하락장에서는 회복에 시간이 오래 걸린다. 특히 연금계좌는 장기 복리 구조이기 때문에 큰 손실 한 번이 수년의 복리 효과를 무력화할 수 있다.

유지생활자금은 가장 중요한 계좌요, 집중해야 하는 계좌에 해당한다. 채권이 중심이 되는 것이 일반적이지만 월지급식 ETF, 우선주와 같은 해외상장 ETF를 활용하면 좋다. 그래서 운용 측면에서 보면 ISA 중개형이나 증권사 해외주식 계좌를 별도로 마련해 직접 운용하는 것이 편리하다. 다만 퇴직금으로 운용해야 한다는 점을 고려하면 연금저축이나 IRP를 활용하는 방법도 있다. 만일 퇴직금을 이관할 수 있다면, 연금저축은 IRP와 달리 위험자산 70% 한도 규제를 적용받지 않기 때문에 운용 편의성 측면에서 더 유리하다.

유지생활자금에서도 상황에 따라 일부 주식 ETF를 담을 수 있다. 다만 너무 욕심을 내선 안 된다. 유지생활자금이 과도하게 공격적이면 필수생활자금까지 흔들릴 수 있기 때문이다. 투자와 더불어 자금을 축적하는 기능을 가지고 있어야 중장기 생활의 틀을 유지할 수 있고, 필수생활자금의 고갈을 막을 수 있다.

세 번째는 미래생활자금(7년 이상 길게 가져갈 돈)이다. 미래생활자금은 시간이 해결해주는 계좌다. 단 시간이 해결해주려면 조건이 있다. 중간 개입을 최소화해야 한다. 미래생활자금은 당장 쓰는 돈이 아니기 때문에 '당장 필요하지 않다'는 확신이 있어야 하며, 그 확신은 불어난 필수생활자금이 밑바탕이 된다. 미래생활자금은 보통 배당주·지수형·퀄리티 성격의 자산으로 구성하되 '테마' 투자를 위해서는 유지생활자금과 함께 공을 들여야 한다. 연금저축, IRP를 활용하는 것이 좋다.

사실 계좌를 나누는 일이 매우 번거로울 수 있다. 굳이 이렇게 구분하는 이유를 다시 설명하면 '심리적 안정'을 위해서다. 시장에 태풍이 오면 보통 사람은 다음과 같이 행동한다.

주식이 빠진다→불안해진다→생활비 걱정이 커진다→결국 바닥에서 판다 그런데 계좌를 분리해두면 경로가 바뀐다.

**주식이 빠진다→불안해진다→생활비는 필수생활자금으로
해결한다→미래생활자금은 그냥 둔다**

손실은 '가격 하락'보다 '바닥 매도'에서 커지는 경우가 많
다. 계좌 분리는 심리적 안정을 바탕으로 바닥 매도를 줄이기 위
한 장치다. 그 장치가 우리의 노후를 지켜준다.

감정이 아닌
규칙으로

손실 기준은 감정이 아니라 규칙으로 만든다. 계좌를 나누는 것
으로는 부족할 수 있다. 최소한이지만 전술적 기술이 필요하다.
특히 리스크 관리는 더더욱 그렇다. 연금은 수익률 싸움이 아니
라 '중간에 탈락하지 않는 게임'이다. 그래서 손실을 기분으로
판단하면 반드시 흔들린다. 규칙을 숫자로 고정해야 한다. 알면

서도 안 되는 게 리스크 관리인 만큼 더더욱 냉정하게 바라봐야 한다.

개인마다 다르겠지만 규칙의 시나리오를 다음과 같이 세울 수 있다.

1. 3개의 포트폴리오 수익률 합 −10%일 때
2. 3개의 포트폴리오 수익률 합 −15%일 때
3. 3개의 포트폴리오 수익률 합 −20%일 때

1번에서는 유지생활자금만 확인하고 조정하며, 다른 자금은 조정하지 않는다. 2번에서는 필수생활자금과 유지생활자금 계좌 내 위험자산 매수를 중단한다. 즉 주식과 인컴 자산, 회사채 매수는 중단하되 단기채 등 현금성 자산은 매수를 유지한다. 3번에서는 필수생활자금이 12개월 이상 여유 있을 경우 12개월간의 자금을 제외하고 해당 계좌 내에서 여유자금에 한해 위험자산에 투자(저가 투자)한다. 단 3번 시나리오는 장기 경제 침체가 아니라는 가정하에 진행하며, 되도록이면 유지생활자금의 위험자산 비중 확대만을 권장한다.

핵심은 가격이 하락할 때 기준과 우선순위를 정하는 것이다. 하지 말아야 할 것과 해야 할 것의 윤곽을 잡는 것도 포함된다. 연금 운용은 평생 해야 할 일이기 때문에 지켜야 할 규칙을 명확히 할 필요가 있다. -10%, -15%, -20%를 예로 들었지만 감내할 수 있는 수준은 개인마다 다를 것이다.

잠이 오지 않고 자꾸 휴대폰을 들여다보게 되는 손실의 폭은 어느 정도인가? -10%인가, -15%인가? 숫자를 대충 넘기지 말고 스스로에게 솔직해져보자. 계좌가 어느 정도 빠지면 하루에도 몇 번씩 핸드폰을 들여다보게 되는가? 뉴스 속보에 과민하게 반응하게 되는 손실은 어느 정도인가? 그 지점이 첫 번째 시나리오의 기준점이 될 가능성이 높다. '불안이 시작되는 구간'이라 할 수 있다.

두 번째는 한 단계 더 깊다. 누군가를 찾아가 상담을 받고 싶어질 정도로 초조해지는 숫자를 떠올려보자. "이거 괜찮은 걸까?"라고 묻게 되는 순간은 몇 퍼센트 손실일 때인가? 그 숫자가 두 번째 시나리오의 기준점이 된다. 이 단계는 '의심이 커지는 구간'이다.

마지막은 더 냉정하다. 계좌를 보는 것 자체가 두려워지고,

'이래도 되는 건가?'라는 생각이 반복되는 순간이다. 투자에 대한 자신감이 눈에 띄게 흔들리고, 차라리 예금으로 돌아가고 싶다는 충동이 올라오는 시점이다. 손실을 만회하기보다 손실에서 벗어나고 싶어지는 상태가 바로 세 번째 시나리오의 기준점이다. '포기하고 싶은 구간'이라 할 수 있다.

이 세 구간은 시장이 아니라 내 심리의 지도다. 시장 상황은 통제할 수 없지만, 기준선은 내가 정할 수 있다. 다만 한 가지 주의할 점이 있다. 세 번째 시나리오(가장 깊은 하락 구간에서의 행동)는 이론만으로는 실행하기 어렵다. 충분한 공부와 확신, 그리고 반복 경험이 쌓여야 손이 나간다. 준비되지 않은 상태에서 억지로 3번을 지키려 하면 오히려 심리적 상처만 남을 수 있다. 그래서 현실적으로는 시나리오 2번까지만 규칙을 지켜도 충분히 관리가 가능하다.

결국 중요한 것은 이것이다. 내가 실제로 지킬 수 있는 손실 기준을 설정했는지 짚어보는 것이다. 손실 기준은 투자 지식의 문제가 아니다. 차트를 얼마나 읽을 수 있는지도, 경제 전망을 얼마나 잘 맞히는지도 아니다. 철저히 인간 심리의 문제다.

나는 −15%에서 흔들리는 사람인가, −25%까지 버틸 수 있

는 사람인가? 나는 숫자를 보는 사람인가, 숫자에 흔들리는 사람

인가? 스스로를 정확히 가늠하는 순간, 투자 전략은 단순해진다.

시장에 맞추는 것이 아니라 나에게 맞추는 것이기 때문이다.

나의 월급 복원
포트폴리오 ①

50대 C는 연금계좌를 역할에 따라 세 가지로 구분했다. 이제 남은 것은 실행이다. 은퇴를 앞둔 C의 목표는 분명하다. 매달 따박따박 들어오던 월급을 연금으로 대체하고 싶다. 그렇다면 질문은 바뀐다. 단순히 무엇을 사야 할까가 아니라, 어떤 전략으로 어떤 재료를 조합해야 할까? 월급 복원의 목적을 효과적으로 이루기 위한 전략과 재료의 조합은 무엇일까?

앞서 월급 복원에 대해 길게 이야기했다. 그 과정에서 적합해 보이는 상품과 전략을 언급했으며, 월급 복원에 도움이 되는 고배당주(자산 가치 증대 함께 추구)도 기술했다. 하지만 월급 복원은 '무조건 고배당'과 같은 심플한 해결책으로 끝나지 않는다. 월급을 복원하려면 3개의 계좌를 굴리고, 그 안에서 재료를 조합할 필요가 있다. 100% 정답은 없지만 전략과 재료의 대표적인 조합을 따라가보자.

월급은 '한 상품'이 아니라 '역할 조합'으로 만든다

개념을 다시 정리해보자. 필수생활자금의 계좌는 은퇴 후 월급이 끊겨도 당장의 생활을 유지하기 위해 만들어진 계좌다. 12~18개월의 삶을 책임지기 때문에 안전하게 운용할 필요가 있다. 유지생활자금의 계좌는 가장 중요한 구조물이다. 고정적 현금흐름과 자산 가치 성장을 동시에 추구해야 한다. 때로는 필수생활자금의 부족분을 채우는 역할도 해야 한다. 미래생활자금의 계좌는 시간을 무기로 장기 투자하는 역할이다. 7~8년 뒤의 미래를 바라보는 자금이다. 다만 운용 중 수익이 크게 나는 종목이나 자산이 발생할 경우 필수생활자금이나 유지생활자금에 힘을 보태는 역할을 할 수 있다.

이 중 가장 신경을 많이 쓸 수밖에 없는 자금은 유지생활자금이다. 유지생활자금은 자산 가치 증대와 현금흐름이란 두 마리 토끼를 잡아야 한다. 이 목표에 가장 적합한 자산이 바로 커버드콜 ETF와 미국 하이일드 채권, 미국 우선주 채권 등 생소하고 개념이 어려운 상품들이다.

이 중에서도 커버드콜과 우선주는 배당 역할, 하이일드 채권은 배당과 가치 상승 역할, 배당주는 배당 역할에 더하여 실질적인 가치 상승의 역할을 겸한다. 이들 상품과 자산은 앞으로 자주 접하며 친하게 지내야 하는 친구들이다. 그래서 유지생활자금은 연금계좌를 활용하지 않고 별도의 해외주식 계좌를 활용해도 좋다. 22%의 양도세를 내고서라도 해외주식 계좌를 활용할 필요가 있다면 그렇게 해도 좋다는 뜻이다.

연금저축과 IRP를 활용해도 좋지만, 세금 고려는 하지 않고 일단 운신의 폭이 넓은 국내 중개형 ISA를 활용한다고 가정하고 유지생활자금의 포트폴리오 구성을 위한 뼈대를 만들어보자. 유지생활자금 운용을 위해서는 이자가 많은 커버드콜 ETF를 주로 활용할 필요가 있다.

한국거래소에 따르면 2025년 7월 14일 국내 커버드콜 ETF의 순자산총액은 10조 1,425억 원으로, 2년 전보다 40배 가까이 폭증했다. 같은 기간 커버드콜 ETF 상장 종목의 수도 8개에서 45개로 5배 넘게 늘었다. 미래에셋자산운용이 2012년 처음 'TIGER 200커버드콜OTM'을 내놓은 뒤 삼성자산운용과 KB자산운용이 이어서 상품 경쟁에 가세했다. 그렇게 후발주자

국내 커버드콜 ETF 시장 규모

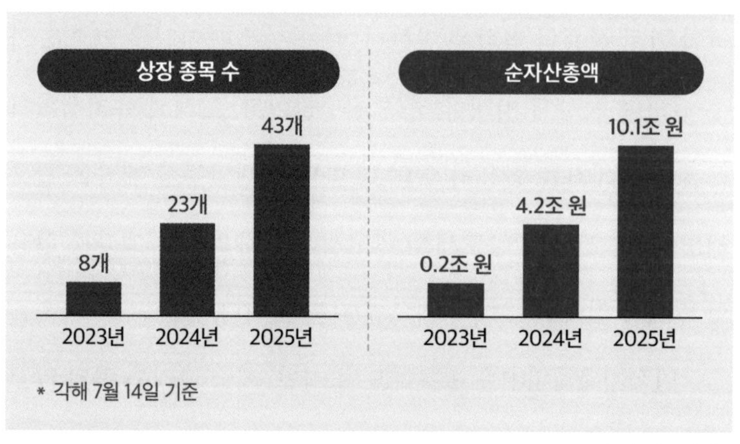

출처: 한국거래소

가 줄줄이 뛰어들면서 경쟁에 불이 붙었다.

현시점에서 중개형 ISA에서 활용할 만한 커버드콜로는 'QYLD'와 비슷한 'KODEX 미국나스닥100데일리커버드콜OTM' 'TIGER 미국나스닥100커버드콜(합성)', 미국 배당주와 커버드콜을 결합한 'KODEX 미국배당커버드콜액티브', 미국 우량 성장주와 커버드콜을 결합한 'KODEX 미국성장커버드콜액티브'가 눈에 들어온다.

앞서 언급했듯이 모든 상품이 완벽할 수는 없다. 합성 상품은 현금흐름이라는 장점이 분명하지만 동시에 구조적인 한계를 갖고 있다. 커버드콜은 기본적으로 보유한 자산 위에 콜옵션을 매도해 프리미엄을 받는 구조다. 이 프리미엄이 분배금의 재원이 된다.

문제는 시장이 강하게 상승할 경우, 옵션 매도로 인해 상승 이익의 일부를 포기하게 된다는 점이다. 즉 꾸준한 배당을 받는 대신 자산 가치 상승의 탄력을 일부 제한하는 구조다. 또한 분배금이 항상 '순이익'에서만 나오는 것도 아니다. 앞서 이야기했듯이 경우에 따라서는 원금의 일부가 포함될 수 있다. 투자자는 분배금을 받으며 안정감을 느끼지만, 자산의 기초체력이 동시에 줄어들 가능성도 배제할 수 없다.

따라서 은퇴 이후 유지생활자금의 100%를 커버드콜 상품에만 의존하는 것은 위험하다. 당장은 현금흐름이 안정적으로 보일 수 있으나, 장기적으로 자산 가치가 정체되거나 실질구매력이 하락할 가능성을 고려해야 한다. 은퇴는 3~5년짜리 프로젝트가 아니다. 20년에서 길게는 30년 이상을 버텨야 하는 구조다. 인플레이션을 감안하면 '현재의 생활비'를 유지하기 위해서도 일정 수준의 자산 성장 동력이 필요하다.

그래서 접근은 균형적이어야 한다. 생활비를 위해 커버드콜이나 고배당 상품을 통해 현금흐름을 확보하되, 이자를 조금 낮추더라도 자산 가치 상승을 기대할 수 있는 상품도 일정 비중 배치하는 방법도 활용 가치가 있다. 이는 수익을 더 내기 위한 욕심이 아니라, 구매력을 지키기 위한 최소한의 방어 장치에 가깝다. 각 ETF의 역할은 다음과 같이 분류된다.

1. 배당 역할: 커버드콜 ETF, 인컴 목적의 합성 ETF, 우선주

2. 배당(중)+가치 상승(중) 역할: 하이일드 ETF

3. 배당(하)+가치 상승(중상) 역할: 배당주 및 배당주 ETF

역할론에 따른
자산의 배분

이제 어떻게 조합할 것인지 실무적으로 고민해보자. 비율은 개인별로 필요한 현금도 다르고 모아놓은 자금도 다르기 때문에 일원화해서 적용하기 어렵다. 이 부분은 뒤에서 케이스별로 나눠서 설명하겠다. 여기서는 필수생활자금, 유지생활자금, 미래생활자금의 비중에 대해 고민하고 각각의 계좌를 어떻게 운용할지 실무적인 지침을 살펴보자.

월급을 중요시하더라도 당장의 자금이 있어야 한다. 가령 한 달간 생활에 꼭 필요한 자금, 먹고 입는 돈과 아파트 관리비, 통신비, 용돈 등 최소한으로 월 200만~300만 원이 든다면 필수생활자금 계좌에서 충당해야 한다. 그리고 이를 12개월 또는 18개월 수준으로 계산해서 필수생활자금 계좌에 마련되어 있어야 한다. 월 300만 원이 필요한 경우 금액으로 보면 최대 5천만 원 정도다.

다만 이 돈으로 갑자기 필요한 돈을 충당하기는 어렵다. 그리고 살다 보면 유난히 돈이 많이 드는 때가 생긴다. 그럴 경우 유지생활자금 계좌에서 그 자금을 충당해야 한다. 단 당장 먹고 살 돈이 충분하지 않으면 조급함에 모든 운용이 깨지기 쉬우므로 필수생활자금 먼저 배분하도록 하자.

자, 이제 현실적인 고민이 시작된다. 첫째, 필수생활자금에 많은 비중을 배분하다 보니 유지생활자금을 운용할 여력이 줄어드는 경우다. 둘째, 필수생활자금과 유지생활자금이 하나의 계좌 안에 섞여 있는 경우다.

가령 50에 자금을 급하게 모으기 시작해서 연금저축과 IRP에 1,800만 원씩 5년간, ISA에 2천만 원씩 5년간 모았다고 가정해보자. 이렇게 1억 9천만 원을 급히 모았고, 그간 받은 공제는 뒤로 생각하고 이자 포함 2억 원 정도가 되었다. 2억 원에서 5천만 원은 필수생활자금으로 분배가 된다. 이 경우 유지생활자금은 1억 원을 배분하고, 미래생활자금에 5천만 원을 배분한다. 필수생활자금은 연금, 유지생활자금의 배당 수령 등을 고려해서 월 200만 원으로 생각하고, 25개월분(200만 원×25개월=5천만 원)으로 설정한다. 통상적으로는 12~18개월치가 적정 수준이지만, 계산의 편의를 위해 25개월로 설정한다.

필수생활자금: 5천만 원(200만 원×25개월)

유지생활자금: 1억 원

미래생활자금: 5천만 원

물론 이러한 가정만으로 평생의 금융 계획을 수립하는 것은 무리다. 일단 미래생활자금과 유지생활자금이 매우 부족하다. 소일거리라도 해서 필수생활자금을 줄여 미래생활자금으로 배치하거나 이사, 보험금 수령 등의 이벤트가 있다면 추가 자금을 미래생활자금 또는 유지생활자금으로 배치해야 한다. 그래야 향후 필수생활자금의 고갈을 막을 수 있다. 물론 이 부분은 각자 케이스별로 생각해보는 것이 합당하다.

유지생활자금에서 어느 정도의 배당과 자산 가치의 상승을 기대해야 합리적일까? 유지생활자금에서 배당을 연 10%, 즉 1천만 원을 받으면 월 80만 원 수준의 배당이 가능하다. 여기에 국민연금 등을 합쳐서 100만 원을 목표로 삼으면 월 100만 원 이상 현금흐름 창출이 가능해진다. 필수생활자금(월 200만 원)과 합하면 월 300만 원의 현금흐름이 창출된다. 다만 유지생활자금은 추후에 떨어지는 필수생활자금의 빈자리를 일부 메워야

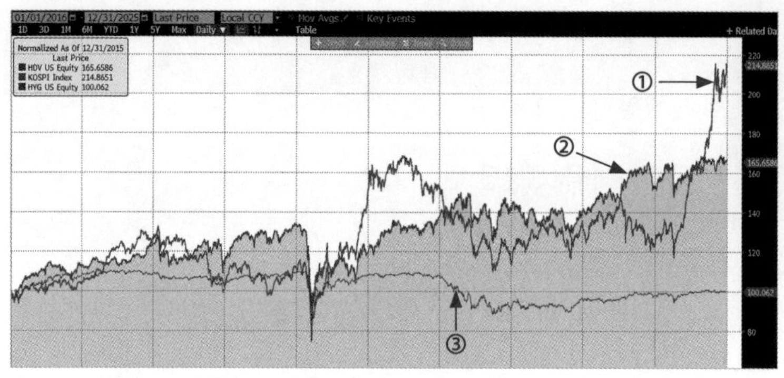

2016~2025년 코스피(①), HDV(②, 미국 고배당주 ETF), HYG(③, 미국 하이일드 채권 ETF) 차트

하는 미션도 가지고 있기에, 단순히 커버드콜로 그 재원을 모두 소진하면 안 된다.

1억 원으로 연간 최소 1천만 원의 배당을 받기 위해서는 10% 이자를 만들어야 하며, 나머지는 자산 가치 증대를 위해 디자인되어야 한다. 그러려면 배당주가 꼭 필요하다. 미국 배당주는 지난 10년간 꾸준하게 평균 연 5~6% 정도의 수익률을 보였다. 그리고 별도로 연간 2.5~3.5%의 배당을 지급했다. 중간중간 흔들린 적은 있었지만 장기 보유를 전제로 하는 연금계좌에 담기에 가장 적합한 자산이라 할 수 있다.

성과를 비교한 차트를 보자(국내상장 ETF는 상품이 최근에 출시되었으므로 성과 비교를 위해 미국상장 ETF를 활용했다). 코스피는 등락을 보이다가 최근 1년간 크게 상승했지만, 미국 고배당주는 10년간 비교적 꾸준한 성장을 거두며 65% 수익률을 보였다. 하이일드 채권의 경우 배당을 빼고 가격만 보면 10년간 비슷해 보이지만 배당률 6~7% 수준을 유지했다.

그럼 5천만 원의 자산을 커버드콜 ETF에 투자하고, 하이일드 채권과 고배당주에 2,500만 원씩 투자했다고 가정해보자.

커버드콜: 5천만 원×10%=500만 원→약 월 40만 원

하이일드 채권: 2,500만 원×7%=175만 원→약 월 15만 원

고배당주: 2,500만 원×3.5%=87만 5천 원→약 월 7만 원

평균적으로 월 62만 원의 수익이 발생하고, 국민연금 30만 ~40만 원의 현금흐름을 고려하면 약 월 100만 원의 현금흐름이 발생한다. 필수생활자금(월 200만 원)과 합하면 300만 원의 생활비를 맞출 수 있다. 물론 커버드콜과 히이일드 채권의 자산 가치 상승은 거의 기대할 수 없다. 반면 고배당주는 추가적으로 연 5~6% 상승을 기대할 수 있으므로 현금흐름이 늘어날 여지는 남아 있다.

나의 월급 복원
포트폴리오 ②

D부장은 계획대로 커버드콜, 하이일드 채권, 고배당주를 적절히 섞어 매달 안정적인 현금흐름을 만들어냈다. 계좌에서는 꾸준히 분배금이 들어온다. 은퇴 이후를 생각하면 나쁘지 않은 구조다. 그런데 최근 코스피 일부 섹터와 미국 테크 섹터가 급등하면서 지수는 연일 신고가를 경신했다. D부장의 계좌는 안정적이지만, 폭발적이지는 않았다. 인컴 자산의 특성상 상방이 제한되어 있기 때문이다. 분

배금은 꾸준히 들어오지만, 자산 총액은 시장만큼 빠르게 늘어나지 않는다. 답답함이 밀려온다. '지금이라도 성장주 비중을 늘려야 하나?' '이렇게 가다간 시장에 뒤처지는 것은 아닐까?' 포모가 슬그머니 고개를 든다. 공격적으로 비중을 조정하면 그동안 세워둔 운용 원칙이 흔들릴 수 있다. D부장이 간과한 것은 무엇일까?

앞서 우리는 필수생활자금 계좌에서 월 200만 원의 생활비를 확보했다. 이렇게 몇 개의 숫자 조합으로 남은 인생을 설계할 수 있으면 얼마나 편리할까? 너무 간단한 일로 느껴진다. 하지만 여기서 많은 사람의 오해가 있다.

수차례 언급했듯이 커버드콜은 원금 보장 상품이 아니며 심지어 원금을 빼서 이자를 줄 수도 있다. 이러한 일이 반복되면 커버드콜 가격은 하락하고 유지생활자금 규모가 줄어드는 것은 불 보듯 뻔하다. 인컴 자산이 내체로 그렇지만, 보통 구조적으로 상방이 제한되거나 시장이 크게 빠질 때 원금 방어가 약할 수 있다.

우선주와 하이일드 채권 등은 어떠한가? 장기적으로 하이일드 채권은 꾸준한 배당으로 사랑받지만, 경기가 흔들릴 경우

가격의 등락도 만만치 않다. 경기가 흔들리면 기업의 부도율이 상승하고 하이일드 기업들, 즉 투기등급 기업들의 경우 리스크 상승은 필연적이다. 그렇다고 미국 기업들이 채권 시장을 무너뜨릴 만큼 체력 저하가 나타나진 않겠지만 경기 침체가 오면 또 모를 일이다. 예시에서는 포함하지 않았지만 우선주도 좋은 운용 재료다. 다만 우선주는 금리의 영향을 많이 받는다. 배당은 커버드콜보다 적고, 하이일드보다 가격 변동성은 낮으나 배당은 비슷하거나 조금 적다. 상황에 따라 넣었다가 뺄 수 있는 재료다.

D부장처럼 포모에 휩싸이지 않으려면, 그리고 훗날 필수생활자금이나 유지생활자금에 힘을 보태기 위해서라도 장기적으로 일정 포지션은 자산 가치 증대를 목적으로 배치해 부족한 역할을 보완해야 한다. 등락 시에는 변동성을 완화하고, 상승 시에는 자산 가치를 확대해 전체적인 규모를 유지해주는 역할이 필요하다. 그 역할을 바로 미래생활자금이 한다.

생각해보자. 투자 판단을 크게 잘못해 지속적인 손실이 누적된 경우가 아니라면, 장기적으로 어느 정도 자금이 쌓인 미래생활자금은 필수생활자금이 일정 규모 이하로 줄어들 때 이를 보완해주는 역할을 할 수 있다. 유지생활자금 역시 마찬가지다. 필수생활자금은 계좌 내에서 창출되는 가치보다 유출되는 자금의 규모가 더 큰 구조이기 때문에, 이를 보완해줄 장치가 다른 계좌에 분명히 존재해야 한다. 그런 의미에서 미래생활자금은 대표적인 보완 수단이라고 볼 수 있다.

미래생활자금의 역할은
마르지 않는 샘

조심스럽지만, 주식의 장기 투자를 연금 운용에도 녹이는 이유는 단순하다. 시간이 길어질수록 원금의 규모가 줄어들 수 있기 때문이다. 노후가 길수록 '원금의 체력'이 중요해진다. 오늘의 현금흐름을 배당주와 인컴 자산이 만드는 과정에서, 이들의 자금은 조금씩 줄어들기 마련이다. 미래생활자금의 운용 성과와 역할이 중요한 이유다.

　미래생활자금은 7년 뒤의 인생을 책임질 목표로 운용하지만, 중간중간 필수생활자금 또는 유지생활자금에 이슈가 생길 때 소방수로 등장해야 한다. 따라서 미래생활자금이 낮은 변동성으로 운용되라도 어느 정도는 수익의 확대란 목표도 함께 가지고 간다. 연금이라고 해서 무조건 높은 배당의 주식, 고인컴의 자산만 활용해야 하는 것은 아니다. 미래생활자금이라고 명명한 만큼 10년 뒤에 크게 성장할 주식, 지금 성장성을 가지고 있는 주식도 포함할 수 있다. 물론 과해선 안 되고 어느 정도 타협은 필요하다.

미래생활자금의 운용은 기본적으로 안정적인 현금흐름을 바탕으로 배당을 지급할 수 있고, 배당성향이 점진적으로 상승하며, 앞으로 확대될 산업 분야에 속한 기업에 투자하는 것이다. 물론 개별 기업이 아니더라도 국가 지수나 산업 섹터에 투자하는 방식으로도 충분히 대안이 될 수 있다.

예를 들어 반도체, AI, 자율주행(지금은 배당이 없으니 크지 않은 포지션으로), 산업재 등은 충분히 장기 투자가 가능하다고 본다. 예를 들어 변동성을 고려해 고배당주 ETF 'HDV'를 50% 이상 투자하고, 나머지 비중을 삼성전자, SK하이닉스 등이 포함된 우리나라 반도체 섹터로 채우는 방법도 가능하다. 해외 투자 계좌를 열었다면 미국 시총 상위 기업에 투자하는 것도 한 방법이

시장의 위험신호
감지하기

직장인 E는 계획대로 그릇(계좌)을 나누고, 각 그릇의 역할을 구분해 적절한 재료(주식·채권·ETF)를 골랐으며, 조리법(자산배분·리밸런싱)에 맞춰 요리(운용)를 시작했다. '연금 운용은 마라톤이야. 시장의 소음에 흔들리지 말고 원칙대로 기계적으로 운용해보자.' E는 그렇게 다짐하고 또 다짐했다.

흔들리지 않기 위해 경제 뉴스와 관련 콘텐츠를 멀리했

다. '장기 투자자는 하루하루의 등락에 흔들리지 않는다'는 마음을 견지하며 애써 시장과 거리를 두었다.

그런데 어느 날 갑자기 불황이 닥쳤다. 아니, 정확히 말하면 시장은 계속 삐걱거리며 경고음을 냈지만, E는 애써 그것을 외면했다. 불황은 어느 날 갑자기 오는 것처럼 보이지만, 실제로는 고장 나는 소리가 먼저 들릴 때가 많다. 귀를 막은 채 원칙만 고집하던 E의 연금계좌는 불황의 파도를 직격으로 맞고 고꾸라졌다.

연금 운용을 시작하면 누구나 E와 같은 착각을 한다. '장기 투자자니까 시장 뉴스는 덜 봐도 된다'고 말이다. 어쩌면 맞는 말처럼 들린다. 연금 운용자, 장기 투자자는 하루하루의 등락에 흔들리지 않는 사람이니까. 그런데 노후자금은 '장기 투자'이기 전에 '생활'이 달린 문제다. 생활은 중간에 멈추지 않는다. 시장이 흔들린다고 해서 병원비가 미뤄지지 않고, 자녀 결혼 일정이 늦춰지지 않고, 생활비는 매달 따박따박 나간다. 그러니 연금 운용이라고 해서 귀를 막고 눈을 가려선 안 된다.

연금 운용자가 시장을 보는 이유는 '맞히기'가 아니라 '버티는 구조'를 지키기 위해서다. 내가 계속 살아가는 한, 돈도 계속 살아 있어야 하니까. 앞서 우리는 그릇(계좌)을 나눴고, 그릇의 역할을 구분 지었고, 재료(주식·채권·ETF)를 골랐고, 조리법(자산 배분·리밸런싱)을 배웠다. 이제 요리(운용)는 시작되었고 남은 건 한 가지다. 요리를 태우면 안 된다.

시장의 위험신호는 '지금 팔아라'가 아니라 '지금부터는 실수하지 말아라'라는 경고에 가깝다. 특히 은퇴 전후에는 단 한 번의 큰 실수로도 10년 전으로 되돌아갈 수 있다. 수익률은 시간이 벌어주기도 하지만, 한 번의 판단 착오가 그 시간을 순식간에 빼앗아가기도 한다.

불황은 어느 날 갑자기 오는 것 같지만 실제로는 고장 나는 소리가 먼저 들릴 때가 많다. '갑자기 망했다'는 말은 대개 결과를 보고 하는 말이고, 그 전에는 늘 작은 금이 간다. 문제는 시장에서 그러한 금이 보일 때 사람들이 대수롭지 않게 넘긴다는 데 있다.

우리는 딱 3개만 볼 것이다. 그리고 이것이 '겹치면 피한다'로 끝낼 것이다. 이 파트는 분석이 아니라 체크리스트다.

고용이
흔들린다면

첫 번째 신호는 고용이다. 실업 관련 지표가 악화되기 시작하면 소비와 기업 실적이 뒤따라 흔들리는 경우가 많다. 일자리는 경제의 '바닥'에 깔린 힘이다. 사람들이 월급에 확신이 없어지는 순간, 지갑이 먼저 닫히고, 소비자의 지갑이 닫히면 자연스럽게 기업의 매출이 눌린다.

중요한 건 '실업률 숫자'가 아니라 '추세'다. 좋아지다가 나빠지는 방향으로 꺾이면 경보로 본다. 숫자는 아직 괜찮아 보일

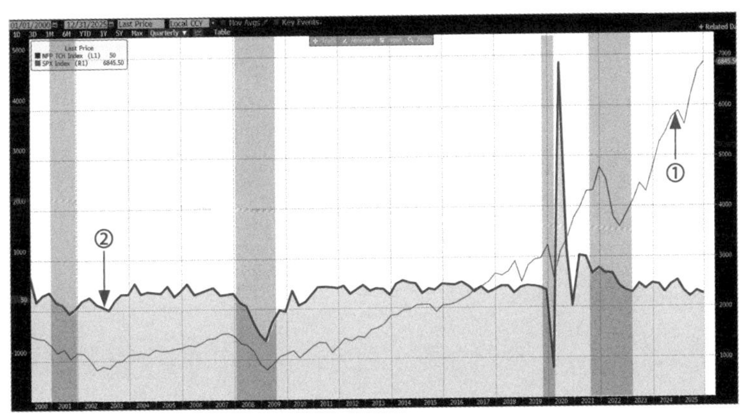

2016~2025년 S&P500(①), 비농업신규고용자수(②) 월간 추이

수 있다. 하지만 방향이 바뀌는 순간부터 시장은 이미 '다음 그림'을 그리기 시작한다. 연금 운용자는 그때 아직은 괜찮다고 낙관하기보단 방향이 바뀐 부분을 무겁게 받아들여야 한다. 노동지표가 아무리 후행 지표라고 하더라도 월간 발표되는 비농업신규취업자수, 주간 발표되는 실업자청구건수 등은 굉장히 중요하다. 참고로 비농업신규고용자수가 하락하는 구간에는 경기침체 우려로 주가도 하락하는 경향을 보인다. 다만 당시 통화정책, 재정정책이 있을 경우 그 회복이 빠르게 진행된다.

소비자·기업 심리가 꺾이는 신호

두 번째 신호는 소비자·기업 심리다. 경기는 사람의 심리로 돌아간다. 심리가 꺾이면 지표는 보통 후행한다. 소비자와 기업 모두 겁을 먹는 순간이 오면 활동이 위축되기 마련이고, 그러한 후퇴는 어느 순간 큰 경기 둔화로 이어진다. 소비가 움츠러들고 기업이 투자와 고용을 줄이면 현금흐름 자산도 압박을 받는다. 배당도, 인컴도, 우리가 추구하는 '따박따박'도 결국은 누군가의 소비와 기업의 이익에서 나오기 때문이다.

심리가 꺾이는 신호가 보이면 연금계좌는 수익률보다 먼저 현금흐름의 안정성부터 점검해야 한다. 특히 미국의 경우 전체 성장률의 70%를 소비가 담당하고, 한국도 이제 소비가 경제의 절반 정도를 차지하는 수준에 이르렀다. 사람들의 경제활동이 둔화되어 지갑이 닫히는 순간, 우리의 투자도 힘들어진다는 뜻이다.

물론 앞서 이야기한 고용만 확인해도 충분하지 않느냐고 반문할 수 있다. 고용이 좋지 않으면 지갑을 닫게 되는 것이 순리이니 굳이 소비까지 귀찮게 확인할 필요가 있느냐는 의문이다. 사회의 구조적 변화와 삶의 흐름의 변화로 데이터도 다르게 보일 수 있다. 그렇기에 이를 감안해 가능한 한 폭넓게 확인하는 것이 바람직하다.

예를 들어 멀쩡히 근무를 잘하고 있어도 회사에서 AI로 인력을 대체해버리면 경기가 좋아도 퇴직자 수가 늘어나기 마련이다. 반면 소비는 시차를 두고 둔화된다. 물가가 올라 사람들이 소비를 줄이기 시작하면 경기가 둔화되고, 고용이 그다음에 따

라온다. 소비와 물가를 모두 확인하는 것이 경기 분석의 기본인
이유다.

돈을 빌리는 것이
어려워지면

세 번째 신호는 스프레드다. 가장 안전한 금리, 즉 국채 금리에
위험값을 더한 것을 우리는 스프레드라고 부른다. 스프레드는
회사채 금리를 이야기할 때 가장 많이 활용된다. 국채, 즉 나라
는 망하지 않기 때문에 나라에서 발행한 채권은 위험도가 0에
가깝지만, 회사는 부도 위험이 있기 때문에 그만큼 금리를 산정
해서 투자자에 더 준다고 이해하면 된다. 따라서 스프레드가 확
대되는 구간은 '시장이 겁을 먹는 구간'인 경우가 많고, 일반적
으로 그럴 땐 자금의 순환 속도가 떨어진다. 돈이 돌지 않는다는
뜻이다. 돈이 돌지 않는다는 것은 사람으로 치면 혈관이 좁아진
다는 뜻이다.

혈관이 좁아지면 작은 충격에도 몸에 위험이 올 수 있다. 이

때 리스크를 충분히 감안하지 않고 이자가 매우 높은 상품에 끌리는 경우가 많다. 경기가 실제로 좋지 않은 상황임을 제대로 인지하지 못하면, 이런 함정에 빠지기 쉽다. 투자 경험이 부족하고 불안할수록 사람은 '확정 이자' '고정 이자', '월 몇 퍼센트'와 같은 문구에 쉽게 끌린다. 그러나 투자자를 현혹하는 높은 이율은 위험을 가리는 포장지에 불과하다. 리스크가 상대적으로 많이 내재된 ELS가 대표적이다.

실제로 하이일드 스프레드가 급등했던 2008년, 7년 만의 금리 인상으로 시장이 위축된 2014년, 코로나19가 확산된 2019년 등 위기 때마다 하이일드 스프레드는 급등한 바 있다.

신용경색 시그널이야말로 정말 확실하고 빠른 경보다. 경

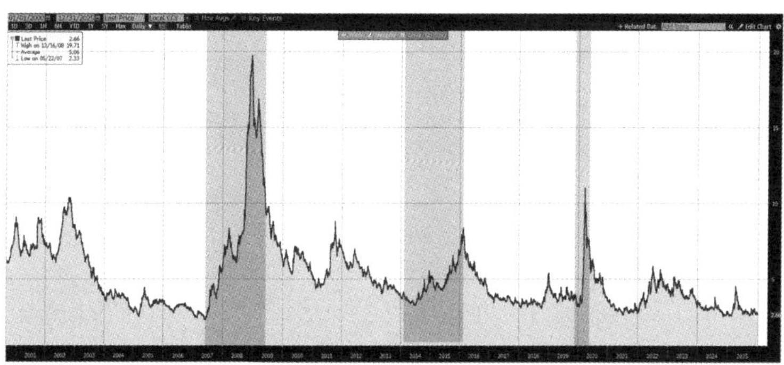

2000~2025년 하이일드 스프레드 추이

보가 울리면 추가 수익이 아니라 필수 생활비를 우선해야 한다. 즉 연금 운용자의 목표는 추가 수익이 아니라 살아남기로 바뀐다. 불황 경보가 켜져도 '이번에는 다를 수 있잖아'와 같은 목소리가 귓가에 맴돌 수 있다. 실제로 그럴 가능성이 없는 것은 아니지만, 연금이라는 자금의 성격을 고려해 돌다리도 두드려보는 것이 맞고, 솥뚜껑을 보고도 일단 놀라는 척이라도 해야 한다.

위험신호에
대응하라

시장이 폭락했다. 세상이 내일 당장 망할 것처럼 모든 섹터가 줄줄이 하락세다. F과장은 이번 하락을 '기회'로 여겼다. 하지만 연금 운용의 특성상 연금 자금을 함부로 건드릴 수는 없다. 그렇다고 가만히 있자니 손이 근질거리고, 기회를 놓치는 것만 같아 초조하다. "필수생활자금을 일부라도 미래생활자금으로 옮겨야 하나?" F과장의 고민이 깊어진다.

사실 위험 구간에 접어들면 사람들은 가만히 있기보다 무언가를 하고 싶어 한다. 손이 근질거리고, 선택을 하면 불안이 줄어드는 것처럼 느껴지기 때문이다. 하지만 연금은 행동이 많을수록 망가진다. 특히 미국 시장에 많은 포지션을 할애했다면 더욱 그렇다. 그래서 위험신호가 보이면 매뉴얼을 상기할 필요가 있다.

1. 환금성은 생명이다. 즉 시장이 힘들다고 해서 원금이 묶이는 상품에 접근해서는 안 된다.
2. 배당률만 보고 투자 비중을 변경하면 안 된다.
3. 역할을 고수해야 한다. 시장이 하락했다고 필수생활자금을 건드려 미래생활자금으로 옮긴다거나, 유지생활자금을 미래생활자금처럼 운용하는 일은 하지 말아야 한다.

위험신호에 대응하는 방법

핵심은 위험신호를 미리 파악하는 예측이 아니라 대응이다. 헐

리웃 재난 영화를 본 적이 있는가? 예측도 중요하지만 어디로 대피하는지, 평소에 얼마나 철저히 준비했는지가 결국 주인공의 생사를 가른다. 운용도 비슷하다. 지침을 만든다고 해서 모두 지킬 수 있는 것은 아니지만, 시장이 흔들릴 때 당황하는 시간을 줄이는 것만으로도 실수를 크게 줄일 수 있다.

환금성이나 배당률만으로 모든 것을 판단하지 말고, 각 계좌(자금)의 목표를 염두에 두고 지침을 점검해보자.

가장 중요한 지침은 아무리 시장이 요동쳐도 필수생활자금은 급하게 손대지 않는 것이다. 대부분의 문제는 시간이 지나면 해결된다. 중간에 중앙은행 총재도 등장하고, 대통령도 나타나면서 정부 정책이 시장을 살리는 경우가 많다. 필요한 것은 시간이다. 필수생활자금은 그 시간을 버티게 해주는 열쇠다.

미래생활자금과 유지생활자금의 평가액이 줄어들어도, 시장에 뿌려진 공포가 전염되는 느낌이 들어도 필수생활자금만큼은 무턱대고 손대지 말아야 한다. 필수생활자금이 1년에서 1년 반을 책임져주기 때문에 어지간한 침체나 시장 폭락은 버틸 수 있다. 물론 1년 반 이상의 필수생활자금이 있다면 경기 침체가 아닌 조정장에서 일부 자금으로 저가 매수를 검토해볼 수는 있다.

무슨 일이 생겼다고 해서 손쉽게 필수생활자금까지 손대기 시작하면 심리가 무너지고, 운용이 흔들리고, 전체 구조가 붕괴한다. 그것은 구조를 지키는 선택이 아니라, 구조를 무너뜨리는 선택이 된다. 쉽게 말해 바닥에서 파는 일이 벌어지는 것이다. 따라서 제1원칙은 태풍이 불고, 토네이도가 다가오는 구간에선 필수생활자금에 손대지 않는 것이다.

제2원칙은 월급 엔진(커버드콜, 하이일드, 우선주 등)의 비중을 무리하게 늘리지 않는 것이다. 태풍이 지나가는 구간에서 욕심은 때로 기회를 만든다. 그러나 반드시 지켜야 할 돈을 운용하는 사람에게는 오히려 손실을 가져올 수 있다. 불안할수록 사람은 성급한 선택을 하게 된다. 그중 하나가 이참에 월급을 더 만들고 싶다는 욕구다. 하지만 공포 구간에서 월급 엔진을 무리하게 키우면, 월급이 아니라 엔진 자체가 흔들릴 수 있다.

특히 커버드콜은 하방이 열려 있는 상품이기 때문에 추가 하락 이벤트에 매우 취약하며, 하이일드 채권은 시장의 부도율이 상승할 경우 가격이 하락한다. 만약 하이일드 채권 ETF나 펀드가 투자한 기업 중 부도가 발생하면, 해당 채권은 사실상 휴지 조각이 되고 이는 수익률에도 큰 영향을 미치게 된다. 물론 운용사에서 분산 투자를 했을 테니 개별 기업의 비중은 몇 퍼센트 수준에 그치겠지만, 연금 운용자에게는 적지 않은 심리적 흔들림을 줄 수 있다.

만일 유지생활자금 내에서 현금흐름이 더 필요하다면 커버드콜의 비중을 늘리는 것보다 우선주 또는 국채에 투자하는 것이 좋을 수 있다. 특히 경제의 펀더멘털 요인(소비 하락, 고용 악화, 신용경색 등)으로 시장이 불안할 때 장기채에 투자하면 금리 하락에 따른 자본차익 효과와 이자 수익을 함께 기대할 수 있다. 다만 단순히 변동성이 커졌다고 면밀한 분석 없이 장기채에 투자하면 안 된다. 공격적으로 리밸런싱을 한다면 우선주를 장기채로 교체하는 선택지도 고려해볼 만하다. 이렇게 조정하면 유지생활자금 포트폴리오의 전체 변동성을 낮추면서도, 배당 수준은 유지하거나 오히려 확대할 수 있는 상황을 만들 수 있다.

실제로 2020~2021년 주요 배당 ETF의 성과 추이를 보면 2020년 3월 코로나19 셧다운의 여파로 하이일드 ETF(HYG), 우선주 ETF(PFF), 나스닥 커버드콜 ETF(QYLD)는 급격한 가격 하락을 겪는다. 그렇게 회복까지 1년여의 시간이 소요된 반면, 당시 장기채 ETF(TLT)는 3% 수준의 배당을 유지하면서도 다른 대부분의 인컴 자산, 월급 엔진 자산과 달리 상승하는, 헷지 자산의 면모를 보였다.

미래생활자금 리밸런싱

미래생활자금의 리밸런싱은 매우 중요한 작업이다. 다시 한번 말하지만 미래생활자금은 미래를 책임지는 자금이기 때문에 되도록이면 우량 자산을 장기 보유하는 것이 좋다. 이러한 미래생활자금을 리밸런싱해야 할 때가 있는데, 좋은 쪽이든 나쁜 쪽이든 바로 세상이 바뀔 때다.

미래생활자금을 관리하는 계좌는 앞서 언급한 대로 배당주 중심으로 유망 자산에 투자하며 일부 현금이나 채권을 보유하기 마련이다. 좋은 쪽으로 시장이 바뀌면 배당주는 그대로 두되 테마를 바꿔 위성자산에 투자할 필요가 있다. 국가 인덱스에 투자하고 있다면 국가를 바꿔 투자할 수도 있고, 섹터 투자를 하고 있다면 섹터를 로테이션할 수도 있다.

미래생활자금 리밸런싱 예시

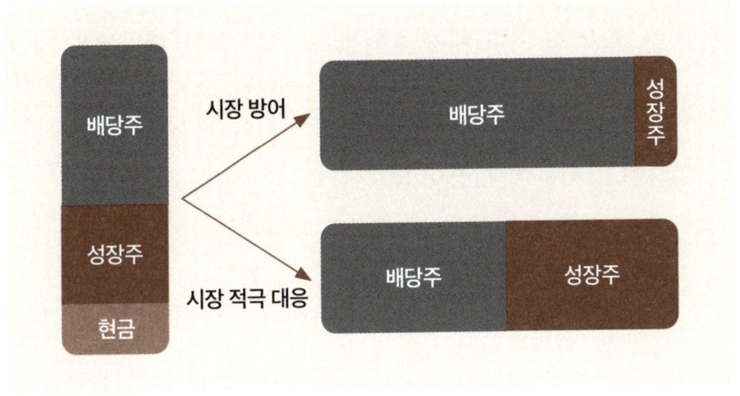

하지만 세상이 좋지 않은 쪽으로 움직인다면 고민을 좀 더 해봐야 한다. 기다렸다가 현금을 활용해서 저가 매수를 할 것인지, 아니면 보수적으로 한동안 안전한 투자를 할 것인지 고민이 필요하다. 사실 필자가 연금 성격의 자금을 운용할 때는 후자를 선택할 때가 많았다. 리스크 관리를 우선시하는 것이 목표였기 때문이다. 하지만 개인의 경우는 조금 다르다. 지속적으로 자금이 필수생활자금 계좌에서 빠져나가고 있고, 미래생활자금의 평가액이 줄고 있는 상황이라면 방어하고 싶은 욕구가 충분히 나올 수 있다. 그 욕구가 잘못되었다고 판단하지는 않는다. 다만 스스로 충분히 공부가 되었고, 기다릴 용기가 있다면 시장이 하

락할 때 조금씩 변동성이 큰 주식과 테마의 비중을 늘릴 수 있다. 시장 하락 시 저가 매수는 되도록이면 미래생활자금의 리밸런싱을 통해 진행하는 것이 좋다. 7년 이상의 기간을 전제로 하는 계좌이기 때문에 시장이 더 흔들리더라도 여유를 가질 수 있기 때문이다.

물론 추가 하락이 이어지거나 어려움이 장기화된다면 힘든 시간이 찾아오겠지만, 이는 감내해야 할 구간이다. 포트폴리오의 절반 이상을 차지하는 배당주에서 꾸준히 배당이 발생하고, 시간이 지나면 반등의 여지도 커질 가능성이 높기 때문에 결국 기다리는 끈기가 필요하다.

여기서 한 가지 분명히 할 것이 있다. 위험신호를 보는 목적은 미래를 정확히 맞히기 위해서가 아니다. 예상할 수도 없고, 가능성도 낮다. 맞히는 노력을 대응의 노력으로 돌릴 필요가 있다. 신속하고 적정한 대응이 중요하다. 대응 전략이 명확하면 버틸 수 있고, 버티면 결국 수익으로 돌아온다.

마법의 연금
포트폴리오 ②

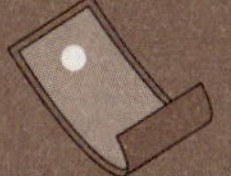

나이 50에 연금을
다 소진한 차부장

중소기업에 다니고 있는 50세 차부장은 얼마 전 연금을 깼다. 어머니께서 큰 수술을 받으시면서 의료비가 상당히 많이 발생했기 때문이다. 연금을 중도인출하려면 조건이 꽤 까다롭지만, 다행히 그 요건에 해당했다. 어머니께서 고비를 넘기신 것은 정말 다행이었으나 합병증과 후유증, 간병비 등으로 퇴직금을 거의 다 소진하게 된다. 2억 원이 넘었던 차부장의 퇴직금은 그렇게 모두 사라진다.

앞서 50에 자금을 급하게 모으기 시작한 경우를 간단히 언급했다. 연금저축과 IRP 연간 납입 한도 1,800만 원을 5년간 채우고, ISA까지 5년간 최대로 납입하면 2억 원을 만들 수 있다. 차부장의 경우 2가지 문제가 있다. 첫째로 기존 연금까지 모두 소진한 마당에 무슨 돈으로 연간 4천만 원씩 저축할 수 있을지 생각해봐야 하며, 둘째로 2억 원이 연금으로 충분한지에 대한 판단이다. 현실적으로 쉽지 않은 이야기다. 연봉 1억 원을 받아도 생활비를 제하면 연간 4천만 원씩 저축하기란 어렵고, 2억 원으로 남은 평생을 사는 일도 쉽지 않다.

따라서 연금 운용을 실제로 행하기 앞서 자산을 전체적으로 펼쳐놓고 정리하는 작업이 선행되어야 한다. 여기에는 집도 포함된다. 한국인은 예로부터 땅에 대한 믿음이 강했고, 이로 인해 지난 10년간 '똑똑한 한 채' 레토릭이 유행했다. '집을 팔자' '집을 옮기자'는 이야기는 사실 너무 어려운 화두이나, 나이 50에 연금까지 써버렸다면 집을 건드리지 않을 수 없다. 가장 어려운 차부장의 케이스를 통해 연금 포트폴리오를 고민해보자.

참고로 퇴직연금은 일정 조건을 충족해야 중도인출이 가능하다. 상황에 따라 연금저축, IRP의 중도인출 가능 여부와 적용

중도인출 가능 여부와 적용 세율

구분	가능 여부		중도인출 시 적용 세율	
	IRP	연금저축	세액공제 받고 저축한 금액과 운용 수익	이연 퇴직소득
6개월 이상 요양 의료비	○		3.3~5.5% (연금소득세)	퇴직소득세율 70% (연금소득세)
개인회생 또는 파산선고	○		3.3~5.5% (연금소득세)	퇴직소득세율 70% (연금소득세)
천재지변	○		3.3~5.5% (연금소득세)	퇴직소득세율 70% (연금소득세)
사회적 재난에 의해 발생한 15일 이상의 입원 치료비	○		3.3~5.5% (연금소득세)	퇴직소득세율 70% (연금소득세)
가입자 사망과 해외 이주	○		3.3~5.5% (연금소득세)	퇴직소득세율 70% (연금소득세)
3개월 이상~6개월 미만 요양 의료비	×	○	3.3~5.5% (연금소득세)	퇴직소득세율 70% (연금소득세)
연금 사업자 영업정지 등	×	○	3.3~5.5% (연금소득세)	퇴직소득세율 70% (연금소득세)
무주택자 주택 구입비 및 전세보증금	○		16.5% (기타소득세)	퇴직소득세율
15일 이상의 입원 치료비 외의 사회적 재난에 의한 피해 (주거시설 피해 등)	○		16.5% (기타소득세)	퇴직소득세율
그 외 사유	×			

세율이 달라지니 참고하기 바란다.

차부장의 사례는 참으로 난감하고 어려운 상황이다. 은퇴가

5년밖에 남지 않았는데 연금이 없다니. 마음 아픈 일이다. 그나마 서울에 작은 집이 하나 있어서 어떻게 해볼 틈은 있어 보인다.

이렇게 집이 있으면(전세라도) 그나마 길이 있다. 내 집을 전세 주고 다른 전셋집에 살면 2억 원 이상을 마련할 여지가 있다. 그 돈으로 3개의 계좌(연금저축·IRP·ISA)를 만들어서 옮기고 운용을 시작하면 된다. 가장 좋은 시나리오다. 만일 자가가 아니라 전세라면, 이 또한 평수를 줄이거나 외곽으로 이사를 가면서 연금 운용의 발판을 만들 수 있다. 다만 두 상황 모두 은퇴 후 일을 손에서 놓을 경우와 그렇지 않은 경우로 구분된다.

은퇴 후 일을 아예 손에서 놓을 계획이라면 2억 원으로는 부족하다. 반대로 은퇴 후 예전보다는 적은 월급이지만 그래도 꾸준히 일을 할 수 있다면 2억 원으로도 버텨볼 만하다. 건강과 마음이 허락한다면 후자를 강권한다.

차부장은 다행히 일을 할 의사가 있었다. 아니 일을 해야만 했다. 집의 유무와 관계없이 어머니도 보살펴야 했고, 딸도 공부를 잘해서 대학원 또는 유학까지 간다고 하니 뒷바라지를 해야 했다. 나이 50에 5년 정도 은퇴를 앞둔 시점에서 연금은 '0'이나, 집이 있고 일할 의지는 충만한 상황이다.

사실 주변을 둘러보면 차부장과 같은 케이스가 제일 많다. 은퇴 후 최저시급이라도 좋으니 꾸준히 일을 하겠다는 사람이 많다. 물론 사람마다 체면과 주변 시선 문제로 할 수 있는 일의 범위가 다를 수는 있으나, 차부장처럼 연금이 ‘0’이 되면 절박함이 생길 것이다. 그리고 5년이면 어떤 기술이든 충분히 배울 수 있는 시간이다.

하여튼 노후 자금 설계에 있어 중요한 것은 최저시급 수준의 수입 또는 그 이상을 은퇴 후 얼마나 오랜 기간 유지하느냐다. 만약 약 250만~300만 원 정도의 수입을 상당 기간 지속할 수 있다면 필수생활자금과 유지생활자금 계좌의 비중을 대폭 낮춰 미래생활자금 계좌를 키울 수 있는 시간을 벌 수 있다.

필수생활자금을 최소화해서 비상금 정도로 두고 유지생활자금에서 기대하는 이자 또한 1/3 수준으로 낮춰 운용한다면, 예상보다 큰 미래생활자금을 기대할 수 있다. 문제는 차부장이 50세이기 때문에 돈이 한참 들어가는 시기여서 미래생활자금을 모을 수 있는 여력이 없다는 점이다. 매우 조심스럽지만 향후 지속적인 근로 의사가 있다면, 이 경우 금융기관의 힘을 빌리는 쪽으로 의사결정을 할 수도 있다. 현재 우리나라는 집을 사는 목적이 아니면 생활안정자금 목적으로 제1금융권에서 1억 원 수준의 대출이 가능하며, 개인 소득에 따라서 마이너스통장도 충분히 가능하다.

차부장의 경우 아직 재직 중이고 소득이 일정하므로 마이너스통장 사용이 충분히 가능했다. 하지만 차부장은 논의 끝에 금융기관의 조력은 받지 않기로 했다. 매달 나가는 이자도 추후에 부담이 될 수 있는 데다, 빚이라는 것이 한 번 생기면 갚기 어렵기 때문이다. 사회초년생 때 만든 마이너스통장이 은퇴까지 간다는 말도 있으니 말이다.

차부장은 결국 집을 옮겼다. 어머니는 요양병원으로 모시고, 가족은 주변 빌라 전셋집을 구했다. 추후 고등학생 딸이 학교를 졸업하고 대학에 가면 집을 팔아 다른 곳으로 이사할 계획도 세웠다. 그렇게 차부장은 기존 대출을 갚고 1억 5천만 원 정도를 조달할 수 있었다. 이 금쪽같은 1억 5천만 원은 절대 잃어버리면 안 되는 자금이다. 물론 공격적으로 운용하면 5년 내 50~70%의 수익률도 충분히 기대해볼 수 있겠지만, 그 정도의 리스크를 감수할 수 있는 돈이 아니었다. 그렇게 투자하기 위해서는 필수생활자금, 유지생활자금, 미래생활자금으로 분리해

운영할 만한 요소가 갖춰져야 하는데 차부장의 현재 상황은 그렇지 못했다.

다만 낮은 변동성으로 관리하고 5년간 연금저축과 ISA를 통해 충실히 잘 모아간다면, 5년 후 3억 원이 넘는 자금을 손에 쥘 수 있겠다는 희망은 보였다. 이사를 하면서 심정적 아쉬움은 있을 것이나, 이로 인해 은퇴 자금을 마련하고 또 대출도 갚아서 몸이 가벼워졌다. 무엇보다 근로를 지속할 의지가 있기 때문에, 은퇴 후에도 비교적 넉넉한 삶을 살 수 있을 테니 합리적인 선택이라고 판단했다.

제2의 차부장을 위한 연금 포트폴리오

그러면 매월 고징직인 수입을 목표로 차부장의 포트폴리오를 고민해보자.

첫 번째로 '미래생활자금 확대에 초점을 두고 운용 원금(1억 5천만 원)을 키우는 방향으로 운용을 해보자'라는 제안을 해볼 수 있다. 차부장은 어차피 55세까지는 회사를 다닐 예정이고, 그때까지 운용 원금을 불릴 시간은 충분해 보인다. 그러나 이러한 방향은 분명 필요 이상의 리스크가 수반된다.

만약 은퇴 후 일을 하지 않을 것이라는 전제가 붙는다면, 필요한 은퇴 자금이 많아야 하니 그만큼 리스크를 부담하는 것이 맞다. 하지만 차부장은 일을 할 것이기 때문에 좀 더 보수적으로 접근할 필요가 있다. 즉 일을 할 의지가 있는 만큼, 운용 리스크를 줄여야 합리적이다.

일할 의지가 없다면, 다시 말해 앞으로 꾸준한 현금흐름을 기대할 수 없다면 리스크를 감수하고 베팅해야 하며, 차부장처럼 보수적인 성격에 일을 꾸준히 할 계획이라면 굳이 그렇게까지 공격적일 필요는 없다. 차부장은 다음과 같이 상대적으로 안전한 포트폴리오를 꾸릴 수 있다.

1. 필수생활자금: 55세까지 적립, 유지생활자금에서 발생한 배당을 활용해 총 2천만 원 적립 목표
2. 유지생활자금: 월 150만 원 이상 이자와 배당을 목적으로 포트폴리오 구성, 주택 다운사이징으로 확보한 약 1억

5천만 원 활용

3. 미래생활자금: 약 2억 원으로 운용(55세까지 월급으로 연금

계좌에 최대한 적립)

필수생활자금은 회사를 다니는 51~55세까지는 필요가 없
다. 미래생활자금으로 활용할 연금계좌 한도를 월급만으로 채
우는 것이 쉽지는 않겠으나, 상황이 상황인 만큼 최대한 아껴서
열심히 모아야 한다.

차부장에게 가장 중요한 것은 유지생활자금이다. 향후에도
일을 할 것이기 때문에 상대적으로 큰 리스크를 질 필요는 없지
만, 지금부터 인컴에 초점을 맞춰 유지생활자금 계좌를 운용해
야 부담을 조금이나마 줄일 수 있다. 목표는 월 150만 원 이상의
배당 및 이자를 받아 필수생활자금과 미래생활자금에 분배하는
것이다.

유지생활자금의 운용 목표는 당연히 배당과 이자를 극대화
하는 것이다. 이를 위해서는 배당을 넘어선 옵션 전략을 포함시
켜야 하며, 앞서 언급한 커버드콜 전략을 주력 자산으로 살펴볼
필요가 있다. 'QYLD' 'XYLD' 'RYLD' 'JEPI' 등의 커버드콜 ETF

를 운용하기 위해 해외 증권 계좌를 활용하는 것이 좋다. 물론 국내상장 ETF도 한 방법이다. 둘 다 작게는 연 7~8%, 높게는 연 11~12%까지 배당을 주는 ETF를 매입한다. 월배당을 충분히 만들어 해당 자금으로 제반비용을 제하고 향후 은퇴 후 가져갈 필수생활자금과 미래생활자금을 마련해야 한다. 5년간 2천만 원 수준의 필수생활자금을 마련하기 위해서는 월 30만 원 정도의 자금이 필수생활자금으로 배분되어 운용되어야 한다.

필수생활자금은 단기채 또는 증권사 CMA도 좋은데, 증권사 CMA 계좌는 매일 이자가 붙는 일복리 방식이므로 복리 효과를 기대할 수 있다. 2026년 초 기준으로 유형마다 다르지만 삼성증권 RP형의 경우 3% 수준의 이자가 붙는다. 만일 이자의 변동이 없다면, 월 31만 원 정도를 60개월간 저축하면 복리 이자를 고려해 2천만 원 정도를 모을 수 있다.

이제 포트폴리오를 본격적으로 따져보자. 차부장은 집을 옮기며 1억 5천만 원을 마련했다. 투자할 때는 반드시 기회비용을 고려해야 한다. 1억 5천만 원에 대한 금융비용을 연 4.5%로만 잡아도 연간 675만 원, 월 56만 원 수준의 수익은 나와야 한다. 연 4.5~5% 수준의 배당을 비교적 안정적으로 기대할 수 있는 상품은 현재는 커버드콜 전략 상품이 대표적이지만, 모든 자금을 커버드콜에만 투자하는 것은 부담이 크다. 따라서 일정 부분은 회사채와 함께 분산 투자하는 방향으로 구성해보자. 투자 비중은 커버드콜 약 70%, 미국 채권 약 30%다.

'QYLD' 'XYLD' 'RYLD' 등의 일반적인 커버드콜은 회계상으로 원금이 하락할 위험이 있는 상품이다. 배당 제외 12개월 성과에서 보듯이 배당이 높은 것은 사실이지만 원금이 상승하지 않는다는 단점이 있다. 시간이 지나면 이 또한 일정 부분 상승을 기대할 수 있지만, 시장이 하락하는 상황에선 리스크가 분명히 존재한다. 따라서 횡보장이 예상될 때 활용하면 좋은 결과를 낼 수 있다.

나머지는 채권의 영역이다. 커버드콜에만 투자할 경우 단기적으로 원금이 하락할 위험도 크고 변동성도 적지 않다. 따라서 이를 완화해줄 재료가 필요한데, 그것이 미국 회사채 또는 국채다. 경기 침체 구간이 아니라면 미국 회사채는 대부분의 구간에서 좋은 성과를 내는 자산이다. 다만 경기 침체 구간이 오면 회사채, 특히 하이일드 채권은 주식처럼 급락하곤 한다. 따라서 경기 침체 구간에서는 일반 국채로 바꿔 투자하는 지혜가 필요

차부장에게 필요한 커버드콜 ETF(2026년 3월 12일 기준)

티커	상품명	전략	12개월 배당 (%)	12개월 성과 (%, 배당 제외)
QYLD	Global X NASDAQ 100 Covered Call ETF	나스닥100에 커버드콜 (옵션 프리미엄 기반 인컴)	11.55	4.85
XYLD	Global X S&P 500 Covered Call ETF	S&P500에 커버드콜 (옵션 프리미엄 기반 인컴)	10.63	2.50
RYLD	Global X Russell 2000 Covered Call ETF	러셀2000에 커버드콜 (옵션 프리미엄 기반 인컴)	11.88	1.05
JEPI	JPMorgan Equity Premium Income ETF	액티브 주식+ELN (옵션 프리미엄) 기반 인컴 추구	8.22	2.24

차부장에게 필요한 채권 ETF(2026년 3월 12일 기준)

티커	상품명	전략	12개월 배당 (%)	12개월 성과 (%, 배당 제외)
HYG	iShares iBoxx $ High Yield Corporate Bond ETF	미국 하이일드 채권	5.84	1.13
FALN	iShares Fallen Angels USD Bond ETF	미국 하이일드 채권	6.45	0.37
LQD	iShares iBoxx $ Inv Grade Corporate Bond ETF	미국 투자등급 채권	4.51	1.39
AGG	iShares Core US Aggregate Bond ETF	미국 종합 채권	3.91	1.50

하다. 물론 커버드콜 또한 경기 침체 구간이 오면 매우 힘들 것이기 때문에 그런 시간이 온다면 모든 비중을 국채에 투자하는 것이 좋다.

일반적인 커버드콜에 약 70%(1억 원), 회사채(하이일드)에 약 30%(5천만 원) 투자한다고 가정해보자.

커버드콜 투자: 1억 원×약 11~12%=1,100만 원(월 기회비용 및 필수생활자금 계좌 입금)

회사채 투자: 5천만 원×약 5~6%=약 287만 5천 원(필수생활 자금 및 미래생활자금 추가 입금 재료)

환율과 개인 상황을 고려하지 않은 가정이고, 시장 상황에 따라 원금의 등락이 있을 수 있다. 배당금에 대한 세금을 수익에서 빼고, 필수생활자금 계좌에 넣을 돈까지 빼면 미래생활자금을 위한 자금은 50만~60만 원 수쥬이다.

물론 기술적으로 비슷한 상품을 IRP, ISA에 투자해 수익을 내면 세금 면에서는 더 이익일 것이다. 개인적으로 상황은 다를 수 있으나 배당세와 양도세를 고려하면 월배당과 현금흐름을 좀 더 업그레이드할 필요가 있어 보인다.

앞서 활용한 4가지 커버드콜 ETF 외에도 고배당 자산으로 액티브 커버드콜을 활용할 수 있다. 예를 들어 'QDVO' 'TIGER 미국나스닥100타겟데일리커버드콜'이 대표적이다. 같은 커버드콜이라도 액티브한 운용이 가미되어 있고, 배당 목표 자체가 달라 최근 각광받고 있는 상품이다. 액티브 커버드콜이 기존의 커버드콜과 다른 점은 원금을 잃지 않기 위해 액티브 운용이 가미되었다는 것이다.

'TIGER 미국나스닥100타겟데일리커버드콜'은 일반적인 액티브 운용이라기보다 연 15% 수준의 프리미엄 수취를 목표로 설계된 커버드콜 ETF다. 나스닥100에 투자하면서 초단기

차부장에게 필요한 액티브 커버드콜 ETF(2026년 3월 12일 기준)

티커	상품명	전략	12개월 배당 (%)	12개월 성과 (%, 배당 제외)
QDVO	Amplify CWP Growth & Income ETF	나스닥100 커버드콜 기반, 액티브 운용 가미	10.61	11.65
486290	TIGER 미국나스닥100 타겟데일리커버드콜	15% 프리미엄 수취 목표 운용	14.72	11.40

옵션을 매일 매도하는 전략을 사용한다. 즉 익일 만기의 나스닥 100 옵션을 지속적으로 매도하며 리스크를 최소화해 프리미엄을 확보하는 구조다.

'QDVO'의 경우 나스닥100 내 개별 주식에 투자하면서 종목별 옵션 전략을 활용해 추가적인 프리미엄 수익을 추구하는 ETF다. 지수 단위 커버드콜과 달리 개별 종목 옵션을 활용하기 때문에 포트폴리오 선별과 운용 난이도가 높지만, 결과적으로 성과는 우수하다. 아쉬운 점은 2024년 8월에 출시한 상품이라 아직 운용기간이 짧은 편이다. 그래도 지난 1년간 대부분의 커버드콜이 원금에서 빼내어 배당을 만든 것 같은 성과를 보인 반면, 'QDVO'는 확연히 다른 모습을 보였다.

실제로 2025년 1월 1일부터 2026년 2월 초까지 배당 포함 'QDVO'는 수익률 20.48%를 기록한 반면, 'QYLD' 'RYLD' 'XYLD' 'JEPI'는 각각 11.1%, 7.67%, 9.25% 10.6%에 불과했다. 시장이 하락하기 시작한 2025년 2월 20일부터 반등을 시작한 4월 8일까지는 각각 -17%, -19%, -18.5%, -15.5%, -13.2% 수익률을 보였다. 'QDVO'의 하락폭이 작았던 것은 아니지만, 액티브 운용이 가미된 만큼 반등이 컸다.

소개한 2가지 액티브 커버드콜 상품을 활용할 경우 15% 수준의 배당을 이끌어낼 수 있기 때문에, 앞서 1,100만 원 수준이었던 배당을 1,500만 원까지도 기대해볼 수 있다. 미래생활자금에 입금할 수 있는 재료가 그만큼 늘어나는 셈이다.

액티브 커버드콜 투자: 1억 원×15%=1,500만 원

회사채 ETF 활용: 5천만 원×5~6%=약 287만 5천 원

1,500만 원과 287만 5천 원을 더한 뒤 12개월로 나누면, 매달 약 150만 원 수준의 배당 및 자본차익을 기대할 수 있다. 이를 매달 필수생활자금에 30만 원, 미래생활자금에 100만 원 이상 불입하면 된다. 월 100만 원이면 큰 이변이 없는 한 연 1천만 원 또는 그 이상을 미래생활자금에 투입할 수 있다. 5년간 5천만 원의 미래생활자금이 기존 3종 계좌에 모을 2억 원에 추가로 형성되는 것이다. 여기에 5년 뒤 정년퇴직 시 받을 수천만 원의 퇴직금을 미래생활자금에 추가로 적립한다면, 예상치 못하게 일을 그만두게 되는 상황에도 한층 여유 있게 대비할 수 있을 것이다.

이렇게 50세부터 5년간 마음을 단단히 다잡고 버텨낸다면, 그 과정에서 쌓은 운용 경험이 노후를 설계하는 소중한 밑거름이 될 것이다.

다. 구체적인 비율로 예를 들면 다음과 같다.

1. 미국 고배당주 ETF 50%+국내 반도체 ETF 10%+미국 빅테크 ETF 40%
2. 미국 고배당주 ETF 60%+국내 유망주 20%+미국 시총 최상위 대형 유망주 20%

미국의 1970년대부터 지금까지 평균 주식 수익률은 연간 8% 수준이다. 초과 섹터에 투자할 경우 두 자릿수도 가능하다는 뜻이며, 개별 종목에 투자할 경우 그 이상을 기대할 수도 있다.

미래생활자금의 성장 동력이 탄탄할수록 추후 필수생활자금과 유지생활자금에 추가로 분배할 여력이 커지므로, 전체 운용의 지속성은 자연스럽게 높아진다. 추가적인 연금 수입이 발생하거나, 이사 등으로 현금을 확보할 수 있거나, 가입한 보험금 수령과 같은 이벤트가 있다면 가능하면 미래생활자금의 역할을 고려해 추가로 자산배분하는 것이 바람직하다.

오이사의 어디에도 쉽게 털어놓지 못할 고민이 다소 어이없게 들릴지도 모른다. 그러나 이 또한 우리 주변에서 흔히 볼 수 있는 사례다. 직장은 탄탄하지만, 여러 이유로 노후 준비가 충분히 되어 있지 않은 경우다.

다행히 오이사에게는 연금저축과 ISA에 각각 1억 원씩, 총 2억 원의 금융자산이 남아 있다. 다만 그는 은퇴 후 일할 생각이 없다. 예전부터 은퇴 이후 금융소득만으로 생활하고 싶다는 꿈을 품어왔다. 무엇보다 자가 주택이 있기 때문에, 장차 자녀의 결혼 등 큰 자금이 필요한 일이 생기면 그 집을 활용해 해결하겠다는 생각도 가지고 있었다.

은퇴 후 근로 의사는 없으나 2억 원이라는 현금이 있으니 일단 안심이 되었다. 그리고 임원이기 때문에 연봉이 쏠쏠해서 은퇴까지 추가로 2억 원을 모으는 일도 그리 어려워 보이지 않았다. 문제는 오 이사의 임기가 2년 단위로 연장되는 구조라는 점이었다. 앞으로 4~5년 정도 더 근무할 수 있다면 자금 계획에 큰 문제가 없겠지만, 당장 내후년 임기 연장에 실패하게 되면 상황이 예상보다 빠르게 어려워질 수 있었다.

제2의 오이사를 위한 연금 포트폴리오

오이사의 경우 은퇴 이후에는 근로소득이 끊기기 때문에, 일정 수준의 리스크를 감수할 필요가 있다. 물론 인컴 전략을 적극 활용해 재직 기간 동안 필수생활자금과 미래생활자금을 함께 키우고, 은퇴 후에는 그 인컴으로 생활비를 충당하는 방법도 가능하다. 그러나 임기의 불안정성을 고려한다면, 당장은 인컴 중심 전략보다는 미래생활자금의 규모를 확대하는 방향이 보다 합리적이라는 판단을 내렸다.

1. 연금저축: 1억 원
2. IRP: 0원
3. ISA: 1억 원

필수생활자금과 유지생활자금 분배는 수년 뒤로 순서를 살짝 미뤄두자. 목돈 2억 원은 미래생활자금으로 운용하도록 한다. 미래생활자금은 원칙적으로 배당주를 바탕으로 미래 가치를 책임지는 역할의 계좌로, 7년 정도의 기간을 목표로 하는 장기 투자용 계좌다. 그래서 시간이 해결해주는 계좌라고도 했다. 당장 쓰는 돈이 아니기 때문에 은퇴를 5년 남겨둔 시점에서 시작하기 좋은 계좌다. 배당주, 지수 추종형, 퀄리티 우량주에 투자해야 하며, 테마 투자도 일부 허용되지만 꽤 많은 노력을 들여야 한다고 앞서 언급했다.

오이사의 경우는 시간이 부족하다. 본래는 저축용 IRP를 개설해 활용해야 하지만, 오이사는 중개형 ISA에 집중할 필요가 있다. 삼성전자, SK하이닉스와 같은 종목에 집중해 장기 투자할 수 있기 때문이다. 해외주식을 사지 못하는 단점은 있지만 이 경우 국내상장 해외 투자 ETF를 활용하면 된다. 물론 새로 모으는 자금은 해외 직투용으로 활용해 별도로 장기 투자를 진행할 수도 있다.

오이사는 2025년 코스피 급등으로 국내 시장에 대한 관심이 높았지만, 연금을 투자할 때는 국내보다는 미국 시장 투자가 중요하다는 것을 주지해야 한다. 사실 숫자로 보면 지난 10년간 S&P500과 코스피200은 각각 약 3.5배, 2.5배 상승해 둘 다 좋은 성과를 기록했다. 하지만 매년 상승한 미국과 달리 코스피의

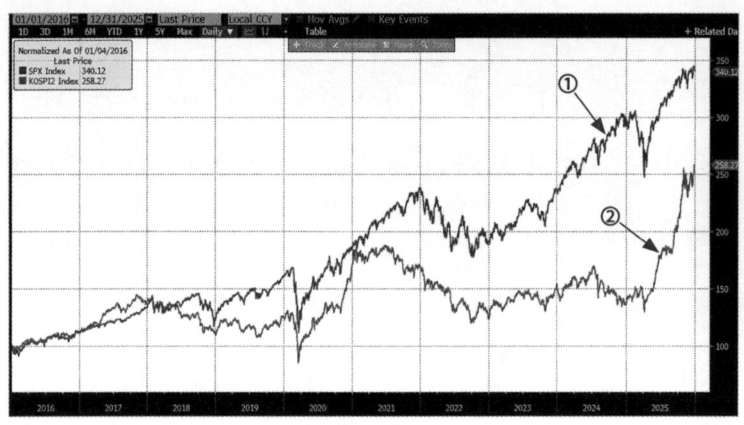

2016~2025년 S&P500(①), 코스피200(②) 성과 비교

수익률은 대부분 2025년 한 해에 만들어졌다. 복리를 감안해 연평균 수익률을 계산해보면 S&P500은 약 13%에 달하는 반면, 코스피는 10% 수준에 그친다. 수치만 보면 큰 차이가 아닌 듯 보일 수 있다. 그러나 복리의 세계에서는 이 3%p의 격차가 장기적으로 상당한 자산 차이를 만들어낸다.

냉정하게 말하면 한국 코스피 투자는 단순한 장기 보유 전략보다는 철저한 분석을 바탕으로 한 이벤트성·국면 대응형 투자가 적합하다고 해석할 여지도 있다. 실제로 시계열을 늘려서 보면 차이는 분명해진다. 2006년부터 2024년 말까지 19년 누적 기준 연평균 수익률로 환산하면 미국은 약 8.41% 상승한 반면, 한국은 3.09%에 불과했다.

따라서 미래생활자금의 주인공은 미국주식으로 삼는 것이 안전하다. 이러한 사실은 오이사가 반드시 투자 전에 납득해야 할 부분이다. 더구나 'HDV'와 같은 고배당주 ETF의 경우 배당 포함 10년 누적 평균 수익률을 계산하면 9% 수준에 달한다. 훌륭한 미래생활자금의 토대가 될 만하다. 다만 나이 50에 연금이 없고 은퇴 후 근로 의사도 없는 경우, 즉 리스크를 좀 더 젊어져야 한다면 포트폴리오 측면에서 미세 조정이 필요할 수 있다.

예를 들어 미국의 핵심 고배당 주식(HDV)을 기본으로, 제4차 산업혁명의 수혜 섹터인 반도체(SMH)와 산업재(XLI) 섹터를 위성자산으로 투자하고, 하이일드 채권(HYG)에 투자한다면 세금을 제외해도 연간 약 10% 수준의 수익률을 기대할 수 있다(지난 10년간의 데이터를 기반으로 한 계산이다). 원금을 증대하기에 좋은 포트폴리오라고 생각한다.

하이일드 채권(HYG)을 포함한 이유는 단순히 배당을 쌓아 인컴을 만들기 위함이 아니다. 채권은 주식과의 자산배분에서 훌륭한 쿠션 역할을 해준다. 변동성을 완화해줄 뿐 아니라, 위기 상황에서는 우량주를 저가에 매수할 수 있는 실탄을 마련해주

오이사에게 필요한 연금 포트폴리오

자산명		핵심자산 (HDV)	위성자산1 (SMH)	위성자산2 (XLI)	채권 (HYG)	합계
시작	2016년	100	100	100	100	400
끝	2025년	240.56	1499.84	354.25	170.65	2,265.3
연간 수익률		9.17%	31.10%	13.48%	5.49%	14.81% (평균)
비중		40%	15%	15%	30%	100%
기간	첫 해	1년 뒤	2년 뒤	3년 뒤	4년 뒤	5년 뒤
자산 추이	100	112	125.45	140.51	157.38	176.27

* 세금 22%를 제해도 약 60% 상승폭(76.27%-(76.27%×22%))

는 기능도 한다. 그 과정에서 정기적으로 이자를 지급받을 수 있다는 것도 장점이다.

경기가 양호하고 상승 국면이라고 판단되면 회사채 비중을 높이는 것이 유리하고, 반대로 경기 둔화나 불확실성이 커질 때는 국채 중심으로 운용하는 편이 더 적절하다. 앞서 제시한 포트폴리오에서는 이러한 리밸런싱 전략을 성과에 반영하지 않았다. 그러나 2020년 코로나19 팬데믹 위기나 2022년 급락장과 같은 시기에 이러한 전략을 적극적으로 활용했다면 수익률은 더욱 개선되었을 것이다. 앞서 설명한 '시장의 위험신호'를 참고하면 실행 자체가 그리 어려운 일은 아니다.

하이일드 채권을 빼고 투자해도 좋지만 그러지 않길 바란다. 아무리 리스크를 진다고 하더라도 최소한의 방어는 필요하다고 생각한다. 물론 하이일드도 시장이 급락하면 떨어진다. 다만 주식보다는 하락폭이 덜하기 때문에, 상승 국면에서 활용할 수 있는 여지가 있는 도구다.

하여튼 오이사의 경우 4년만 버티면 3억 원 이상, 5년만 버티면 3억 5천만 원 이상 자금이 늘어난다. 그리고 추가적으로 2억 원 정도를 저축한다고 가정하면 은퇴 시 5억 원의 현금을 손에 쥐게 된다.

5억 원 수준에 도달해 은퇴를 맞이하면 오이사 또한 필수생활자금, 유지생활자금, 미래생활자금의 틀을 유지하면서 다시한번 플랜을 점검할 필요가 있다. 성공적으로 불린 미래생활자금을 유지생활자금 계좌로 옮겨서 최대한 인컴을 높이는 식으로 연금 설계를 하게 될 것이다.

퇴직금만 딸랑
남은 이부장

얼마 전 명예퇴직한 55세 이부장. 그의 넋두리를 들으며 저녁식사를 한 적이 있다. 임원의 반열에 올랐든 아니든, 회사를 떠나는 순간이 오면 누구나 지난 시간을 아쉬워하게 마련이다. 삶의 방식은 각기 다르니 평가할 일은 아니지만, 그날 이부장이 내린 결론은 한마디였다. "남은 건 퇴직금밖에 없더라."

긴 직장생활을 마치고 돌아보니 결국 손에 남은 것은 퇴직금뿐이라는 것이다. 직장에 몸담고 있을 때는 월급이 끊기지 않는다는 사실만으로도 미래가 어느 정도 보장된 것처럼 느껴지지만, 막상 그 울타리를 벗어나면 상황은 전혀 달라진다.

이부장처럼 퇴직금만 덩그러니 남은 경우는 대개 '성실한 직장인'이었던 경우가 많다. 머리로는 노후 준비의 필요성을 이해하면서도, 하루하루 회사에 충실하느라 여유가 없었을 것이다. 따로 시간을 내어 노후를 준비하는 일이 회사에 대한 '배신'처럼 느껴질 만큼 조직에 충직했던 사람들이다. 회사 입장에서는 업어줘도 시원치 않을 인재지만, 사측도 사정이 있다 보니 그렇게 이부장은 명예퇴직이라는 길로 내몰렸다.

안타깝게도 많은 성실한 직장인이 은퇴 준비가 되어 있지 않다. 금융 교육을 제대로 받은 적도 없다. 주식이 무엇인지, 채권이 무엇인지, 커버드콜이 어떤 구조인지 알지 못한다. 사실 이런 상황에서 복잡한 포트폴리오니, 금융 기법이니 설명해봐야 도움이 되지 않는다. 이들에게 필요한 것은 '기술'이 아니라 마음가짐의 변화와 기초 교육이다.

드라마 〈서울 자가에 대기업 다니는 김 부장 이야기〉를 보면, 김부장은 세차장을 운영하던 중 과거 상사로부터 솔깃한 제안을 받는다. 많은 사람이 볼 때는 혹할 만한 기회였지만 그는 과감히 포기하고 형이 운영하는 카센터 한쪽에서 묵묵히 세차 일을 이어간다. 이를 두고 누군가는 미련하다고 말하지만 필자의 생각은 다르다. 그 '포기'가 오히려 김부장의 30년을 지켜줄 선택일 수 있다. 냉정하게 말하는 이유는 설령 다시 기회를 얻는다고 해도 그것이 '만기 연장'에 불과할 수 있기 때문이다. 만기가 연장되어도 만기는 결국 다시 돌아온다.

"한 손에 쥔 것을 내려놓아야 새것을 쥘 수 있다."

운이 좋으면 기존의 일을 몇 년 더 이어갈 수 있을지 모른다. 그러나 금융을 기반으로 노후를 설계하면, 적어도 수명이 다할 때까지 운용할 수 있다. 애초에 만기 자체가 훨씬 길다. 설령 건강이 예전 같지 않더라도 증권사 PB 등 전문가와의 관계를 잘 구축해둔다면 안정적인 자산 운용을 이어갈 수 있다. 결국 노후의 주도권을 쥐는 길은 '직함'이 아니라 '자산'에 있다.

제2의 이부장을 위한
연금 포트폴리오

이부장의 경우를 예로 들어보자. 서울에 집이 있고 퇴직금으로 받은 돈이 4억 원 정도 된다. 모아놓은 예금은 3천만 원 정도다. 아내가 파트타임으로 월 200만~300만 원의 수입을 창출해 퇴직한 이부장에게 100만 원씩 용돈을 주고 있다.

직관적으로 볼 때 이부장에게는 월 400만 원 정도의 포트폴리오가 필요하다. 부인으로부터 100만 원을 받으니 그가 400만 원 정도만 수입을 만들어내면 월 500만 원 정도의 현금 흐름이 생긴다.

IRP에 4억 원이 적립되어 있고, 연금저축과 ISA는 없는 상황이다. DB형 퇴직연금이어서 운용 수익률도 높지 않다. 이 4억 원의 퇴직금을 일시금으로 수령하면 퇴직소득세가 전액 부과된다. 그러나 IRP로 옮긴 뒤 연금 형태로 수령하면 퇴직소득세의 60~70%만 적용된다. 즉 30~40%의 세액 절감 효과가 있다. 또 연금으로 수령할 경우 운용 수익에 대해서는 연금소득세가 적용되며, 55세부터 수령 시 세율 5.5%가 적용된다. 매월 필요한 생활비 300만~400만 원 역시 IRP에서 연금 형태로 수령할 경우 퇴직소득세 감면이 적용되는 범위 내에서 인출이 가능하다. 계좌 쪼개기부터 진행해보자.

1. 필수생활자금: 월 400만 원×24개월(이부장은 금융 교육 및 운용 노하우를 익히는 데 최소 2년은 잡아야 한다.)
2. 유지생활자금: 보류(당장은 운용할 수 있는 역량이 안 된다.)
3. 미래생활자금: 안정적인 채권 및 S&P500에 적립식으로 투자

월 400만 원씩 24개월, 즉 1억 원을 과감히 필수생활자금으로 배정하겠다. 다만 문제가 있다. 세금을 고려하면 현재 4억 원이 들어 있는 DB형 IRP를 쉽게 해지할 수는 없다. 물론 세금을 감수하고 새로운 계좌를 만들 수도 있겠지만, 굳이 그럴 필요는 없다고 판단한다. 따라서 기존 IRP 내에서 1억 원은 필수생활자금으로 구분해 운용하겠다.

4억 원 중 1억 원은 'KODEX 머니마켓액티브' 'KODEX 단기채권' 'KODEX 단기채권PLUS' 중 하나의 단기채 상품에 투

자한다. 예를 들어 다음과 같이 배분한다.

1. 필수생활자금: KODEX 머니마켓액티브 1억 원
2. 유지생활자금: 보류
3. 미래생활자금: KODEX 단기채권PLUS 3억원

이후 연금 수령 신청을 통해 매월 약 350만 원 수준의 자금을 인출해 사용하겠다.

예금에 있던 3천만 원은 연금저축을 신규 개설해 매년 600만 원씩 납입하는 데 쓰겠다. 이 계좌에서도 단기 채권을 매수해 자금을 차곡차곡 쌓는다는 느낌으로 5년간 운용한다. 5년 이후 세액공제 혜택과 과세이연 효과를 활용하는 것이 목적이다. 이후 해당 계좌는 미래생활자금 또는 유지생활자금 계좌의 일부로 활용될 수 있다.

유지생활자금 계좌가 없는 이유는 현재는 여력이 부족하기 때문이다. 가장 중요하고 필요한 축이지만 일단 보류한다. 그렇다고 걱정할 필요는 없다. 준비가 되는 시점에 만들면 된다.

이렇게 최소 2년의 시간을 확보했다. 2년을 버틸 자금과

3억 원의 미래 자금이 있다. 이 기간 동안 철저히 공부한다면 2년 후에는 금융을 기반으로 한 '진짜 은퇴 설계'를 그려볼 수 있을 것이다.

여기서 몇 가지 연금 운용에 대한 다짐이 필요하다. 첫째, 레버리지 ETF, 선물 양방향, 옵션 매도는 하지 않는다. 둘째, 주식, ETF, 펀드 등 개별 자산의 비중은 전체 비중의 10%를 넘지 않는다. 셋째, 채권도 반드시 자산배분을 한다. 넷째, 시장을 매일 보고 정리한다. 주요 지수의 등락, 금리 변화, 주요 뉴스 등을 확인한다.

아직은 레이 달리오의 올웨더 전략이니, 하워드 막스의 마켓 사이클 투자니, 워런 버핏의 가치투자니 굳이 따라 하려고 애쓸 필요는 없다고 본다. 읽고 공부할 가치는 있지만 어짜피 각자의 방식이 있고, 대가들의 방법을 그대로 복제하는 것은 불가능에 가깝다. 내 스스로 투자 원칙과 방법을 터득해야 한다. 그럼에도 하지 말아야 할 것은 분명하다. 수익률을 갉아먹는 위험천만한 투기는 하면 절대 안 된다. 욕심이 독이 될 것이기 때문이다. 처음에는 개별 종목 투자는 지양하는 것이 좋다. 종목의 변동성에 노출되면 투자가 투기로 변하는 것은 금방이다. 그만큼 사람의 욕심이 무섭다.

앞서 4억 원의 자금 중 1억 원(KODEX 머니마켓액티브)은 필수생활자금으로, 3억 원(KODEX 단기채권PLUS)은 미래생활자금으로 분류했다. 3억 원의 자금 중 90%, 2억 7천만 원은 그대로 단기 채권에 넣어두는 것이 좋다. 1년에 2.3~2.5% 수준은 벌 수 있으니 나쁘지 않은 투자다. 3억 원의 10%, 3천만 원은 이제 잃지 말아야 할 투자금의 출발점이다. 최선을 다해 과정에 집중해 긍정적인 결론을 도출해보자.

가장 먼저 할 일은 미국주식에 투자하는 일이다. S&P500에 투자하되, 처음에는 국내상장 ETF, 예를 들어 'KODEX 미국 S&P500'과 같은 자산에 투자해보자. 비슷한 상품이 각 자산운용사마다 있으니 쉽게 찾아볼 수 있다. 미국에 먼저 투자하는 이유는 여러 가지가 있겠만, 결론적으로 투자를 하는 한 미국을 배제할 수 없기 때문이다. 그리고 S&P500은 그중에서도 가장 대표적인 지수다.

많은 전문가가 동의하는 부분일 텐데, 투자라는 것이 '감'을 배제하고 논할 수 없기 때문에 이부장처럼 50세까지 '감'을 키우지 못한 경우라면 우선 보수적으로 접근해야 한다. 미국 S&P500

투자부터 공부의 유무를 떠나 바로 시작하는 것이 합리적인 방법이다. 다만 처음부터 큰 규모로 투자하지 않는 이유는 자칫 투자 시기가 좋지 않아 손해를 보게 되면, 미실현 손실이라도 앞으로의 투자 경력에 좋지 않은 영향을 미칠 수 있기 때문이다. 이부장과 같은 사례는 우선은 원금에 큰 타격을 미치지 않을 규모, 약 10% 정도만 투자하는 것이 적정하다. 행여 S&P500이 조정을 받아 10~15% 하락한다고 해도 내 포트폴리오에 미치는 타격은 1~1.5%일 것이기 때문에 큰 부담 없이 시작할 수 있다.

투자를 시작하면 관심이 급격히 증가하고, 관심이 생기면 집중력이 올라간다. 그 관심을 바탕으로 다음의 5가지 궁금증에 대한 답을 찾아보자.

1. 왜 미국주식 투자가 장기간 유효할까?

2. 미국 내 섹터는 어떻게 구성되어 있을까?

3. 섹터를 아우르는 유망 테마는 무엇일까?

4. 주요 종목으로 어떤 것이 있으며, 어떤 경쟁력을 가지고 있을까?

5. 미국주식 리스크 관리는 어떻게 할까?

스스로 깨닫고 해당 질문에 자신 있게 답을 낼 수 있어야 한다. 앞서 설명한 바 있으니 혹시 답이 떠오르지 않는다면 다시 되짚어보기 바란다. 그러한 깨달음이 와닿기 시작하면 투자 비중을 10%에서 30% 수준까지 서서히 늘리면 된다. 단기채를 팔고 리밸런싱해 비중을 늘린다. 기간을 정해 늘려도 되고, 자신감이 붙으면 '하락하는 날' 매수하는 용기도 생길 것이다. 어쩌면 '2~3% 급락'이 있는 날 더 많은 비중을 실을 수도 있을 것이고, 반대로 상승하는 날에 추격 매수하는 식으로 비중을 늘릴 수도 있을 것이다.

열심히 노력하면 이부장도 6개월 안에 이러한 수준까지 도달할 수 있다. 비중이 차츰 늘어나면서 3억 원의 자금 중 거의 1억 원 정도는 그렇게 미국 S&P500에 투자하게 된다.

S&P500 지수 투자가 끝났다면, 2단계로 지금부터는 섹터별 유망한 기업에 투자할 수 있어야 한다. 더불어 여유가 된다면 시야를 넓혀 중국, 한국, 일본 등 대표 국가 지수 투자를 시작해도 된다. GICS(세계산업분류기준) 1단계 레벨의 11개 섹터를 공부하고, 섹터별 주요 기업을 알고 있어야 하며, 가장 중요한 것은 현재 시장을 리드하고 있는 섹터를 가려내는 것이다. 리드 섹

삼성자산운용 미국 섹터별 ETF(2026년 2월 13일 기준)

종목코드	ETF명	최근 1년 성과	펀드 사이즈	미국상장 대표상품 티커
453650	KODEX 미국S&P500금융	-0.85%	438억 원	XLF
200030	KODEX 미국S&P500산업재(합성)	23.89%	496억 원	XLI
218420	KODEX 미국S&P500에너지(합성)	21.06%	348억 원	XLE
463640	KODEX 미국S&P500유틸리티	12.42%	149억 원	XLU
463690	KODEX 미국S&P500커뮤니케이션	10.90%	125억 원	XLC
463680	KODEX 미국S&P500테크놀로지	15.94%	669억 원	XLT
453660	KODEX 미국S&P500경기소비재	2.97%	137억 원	XLY
453630	KODEX 미국S&P500필수소비재	8.80%	175억 원	XLP
453640	KODEX 미국S&P500헬스케어	5.55%	654억 원	XLV

* S&P500 동일 기간(1년) 11.74% 상승, 지수보다 나은 성과를 낸 섹터는 최근 1년 동안 4개(산업재, 에너지, 유틸리티, IT)

터를 2~3개 골라내어 투자하는 연습을 해야 한다. 처음에는 전체 투자 비중의 3% 수준에서 시작하되, 공부가 되어 흐름을 읽을 수 있으면 10% 수준까지 확대할 수 있다. 국가 지수도 마찬가지다. 필수는 아니지만, 할 수 있다면 우리나라 코스피200에 투자하는 정도는 충분히 판단할 수 있을 것이라 본다. 이 또한

10% 수준까지 진행할 수 있다.

섹터 투자, 국가 지수 투자까지 마쳤다면 3단계는 이제 가장 어려운 단계인 테마와 스타일 투자다. 테마란 쉽게 말해 기존의 전통적인 섹터의 관념에서 벗어나, 비전을 가지고 있다고 생각하는 기업들을 하나의 주제(재생에너지, ESG, 제4차 산업혁명, 자율주행, 우주 항공, 전력·인프라, 소프트웨어 등)로 묶은 개념이라고 이해하면 쉽다.

스타일 투자는 섹터 구분 없이 성장주(성장하는 주식), 가치주(본래 가치 대비 가격이 싸다고 보는 주식), 고배당주(배당을 많이 주거나 배당성향이 높은 주식), 저변동성주(변동성이 낮은 주식), 퀄리티주(재무가 좋은 기업), 스몰사이즈(같은 테마, 섹터, 업종이라도 사이즈가 작은 기업이 상승 여력이 있다고 보는 테마)로 분류하는 것이다. 이 부분은 전작『해외주식 투자지도』『해외 주식 투자의 정석』에 자세히 기술했으니 참고해도 좋다.

스타일 투자는 보통 경기 흐름에 따라 투자하면 좋다. 예를 들어 경기가 상승 흐름에 있을 때는 성장주, 경기가 고점에 다다랐으나 추가 상승의 느낌이 있을 때는 퀄리티주를 선호하게 된다. 그러다 경기가 정점에 머물며 하강의 기운이 접어든다면 고배당주나 저변동성주가 좋고, 경기가 본격적으로 하락하기 시작하면 주식 비중을 낮추고 현금 비중을 높이되 가치주 비중을 높이는 전략을 취할 수 있다. 따라서 경기 상황을 판단하는 게 1순위이고, 그다음에는 상황에 맞게 스타일 투자를 진행하는 것이 좋다.

아쉬운 것은 스타일 투자는 국내에 상장되어 있는 ETF가 많지 않다. 배당 테마는 연금에서 인기를 끌면서 운용사마다 상장되어 있으나, 다른 스타일은 찾아보기 쉽지 않다. 이 부분은 해외 증권 계좌를 활용하는 것이 좋지만 굳이 그렇게까지 할 필요는 없다. 국내상장 상품 가운데 적절한 상품이 없다면 테마 투자로 넘어가도 괜찮다.

미국주식이 장기적으로 우상향한다는 데 동의한다면 지수 투자를 하되, 그보다 변동성이 크고 수익성 높은 섹터 투자와 스타일 투자, 그리고 더 큰 수익 증대 목적의 테마 투자를 병행한다고 생각하면 간단하다. 앞서 언급했듯이 테마 투자는 장르가 너무나도 다양하다. 운용사마다 직관적인 상품명으로 테마 투자를 표현한다.

주요 운용사 테마 ETF(2026년 2월 13일 기준)

테마	종목코드	상품명	12개월 배당 (%)	12개월 성과(%, 배당 제외)	운용사	운용 시작	보수 (%)	규모 (₩m)	전략
AI 로봇	0038A0	KODEX 미국 휴머노이드 로봇	0.20	63.12	삼성자산운용	2025년 4월 15일	0.46	343,429	테슬라(옵티머스), 엔비디아 등 휴머노이드 핵심 기업
우주항공	0131V0	1Q 미국우주항공테크	-	22.80	하나자산운용	2025년 11월 25일	0.49	493,916	스페이스X 밸류체인 및 로켓랩 집중
사이버 보안	418670	TIGER 글로벌 사이버보안 INDXX	0.27	-24.65	미래에셋자산운용	2022년 2월 18일	0.55	33,488	AI 시대 필수 방어막, 팔로알토·크라우드스트라이크
클라우드	371450	TIGER 글로벌 클라우드 컴퓨팅INDXX	0.47	-27.85	미래에셋자산운용	2020년 12월 3일	0.57	20,007	AWS, Azure 등 데이터센터 인프라
친환경	419420	KODEX 미국 클린에너지 나스닥	0.27	54.20	삼성자산운용	2022년 3월 22일	0.65	14,616	태양광, 풍력 등 신재생에너지 대표주
억만장자	489290	WON 미국 빌리어네어	-	13.07	우리자산운용	2024년 9월 3일	0.65	42,529	미국 슈퍼리치들의 포트폴리오 복제
양자 컴퓨팅	0020H0	KoAct 글로벌 양자컴퓨팅 액티브	-	83.14	삼성액티브자산운용	2025년 3월 11일	0.52	42,815	아이온큐 등 양자컴퓨팅 기술 선도 기업
우주방산	478150	TIME 글로벌 우주테크&방산액티브	0.39	48.22	타임폴리오자산운용	2024년 4월 23일	0.91	395,937	스페이스X 밸류체인 및 글로벌 방산 기업 액티브 운용
AI 로봇	471040	KoAct 글로벌AI&로봇액티브	-	44.13	삼성액티브자산운용	2023년 11월 21일	0.62	193,798	테슬라(옵티머스) 및 휴머노이드 로봇 생태계

투자 대가	475350	RISE 버크셔 포트폴리오 TOP10	1.08	7.99	KB 자산운용	2024년 2월 27일	0.15	73,622	워런 버핏의 버크 셔해서웨이 포트 폴리오 상위 10개
럭셔리	354350	HANARO 글로벌럭셔리 S&P(합성)	0.02	5.71	NH- Amundi 자산운용	2020년 5월 11일	0.61	17,475	LVMH, 에르메스 등 불황에 강한 명품 기업
물	424460	HANARO 글로벌워터 MSCI(합성)	0.24	19.49	NH- Amundi 자산운용	2022년 4월 19일	0.63	10,005	기후 변화 및 산 업용수 부족 수혜 (방어주)
데이터 센터	375270	RISE 글로벌 데이터센터 리츠(합성)	1.57	13.94	KB 자산운용	2021년 1월 11일	0.58	9,948	AI 데이터센터 리츠(부동산) 집중 투자
AI 소프트 웨어	481180	SOL 미국AI 소프트웨어	0.18	-16.08	신한 자산운용	2024년 5월 14일	0.54	149,899	하드웨어 이후를 대비한 AI 서비스 및 SW 기업
AI 밸류 체인	485690	RISE 미국 AI밸류체인 TOP3Plus	0.27	40.16	KB 자산운용	2024년 7월 23일	0.07	69,498	AI 3대장(엔비디아· 마이크로소프트·구 글) 집중 투자
빅테크 밸류체인	457480	ACE 테슬라 밸류체인 액티브	1.74	31.50	한국투자 밸류자산 운용	2023년 5월 16일	0.38	1,273,738	테슬라 본주(25%) +자율주행 생태계
빅테크 밸류체인	483320	ACE 엔비디아 밸류체인 액티브	0.33	74.32	한국투자 밸류자산 운용	2024년 6월 11일	0.51	200,152	엔비디아 본주 (25%)+HBM·장비
빅테크 밸류체인	483420	ACE 애플 밸류체인 액티브	0.26	55.95	한국투자 밸류자산 운용	2024년 6월 11일	0.54	24,040	애플 본주(25%)+ 온디바이스 AI 부 품
빅테크 밸류체인	483340	ACE 구글 밸류체인 액티브	0.48	48.88	한국투자 밸류자산 운용	2024년 6월 11일	0.53	186,275	구글 본주(25%)+ 클라우드·유튜브
빅테크 밸류체인	483330	ACE 마이크로 소프트 밸류체인 액티브	0.54	-12.98	한국투자 밸류자산 운용	2024년 6월 11일	0.53	14,723	MS 본주(25%)+AI 데이터센터·SW

테마	코드	종목명	보수	수익률	운용사	설정일	보수	순자산	특징
빅테크 종합	465580	ACE 미국 빅테크 TOP7 Plus	0.26	16.49	한국투자 밸류자산 운용	2023년 9월 12일	0.37	1,000,976	M7(시총 상위 7개) 집중 투자
빅테크 종합	381170	TIGER 미국 테크TOP10 INDXX	0.27	16.60	미래에셋 자산운용	2021년 4월 8일	0.57	3,860,859	나스닥 상위 10개 (QQQ 압축판)
AI 반도체	390390	KODEX 미국 반도체MV	0.48	63.17	삼성자산 운용	2021년 6월 28일	0.17	858,742	엔비디아 비중 최 대(SMH 한국판)
AI 반도체	381180	TIGER 미국 필라델피아 반도체나스닥	0.43	59.57	미래에셋 자산운용	2021년 4월 8일	0.63	3,753,183	반도체 지수 정석 (SOXX 한국판)
AI 팹리스	479620	SOL 미국AI 반도체칩 메이커	0.29	48.61	신한자산 운용	2024년 4월 16일	0.53	35,246	공장 없는 설계 기 업(엔비디아·AMD) 집중
AI 전력· 인프라	487230	KODEX 미국 AI전력 핵심인프라	0.27	45.85	삼성자산 운용	2024년 7월 9일	0.5	1,559,204	데이터센터 변압 기, 냉각 시스템
AI 전력· 인프라	475070	KoAct 글로벌 친환경전력 인프라액티브	-	97.55	삼성 액티브 자산운용	2024년 1월 18일	0.59	33,881	미국 친환경 전력 망 및 에너지 인 프라
AI 소프트 웨어	485540	KODEX 미국 AI테크TOP10	0.34	22.79	삼성자산 운용	2024년 6월 25일	0.35	286,321	AI 하드웨어와 소 프트웨어 융합 투 자
비만 치료제	400490	KODEX 글로 벌비만치료제 TOP2Plus	0.60	6.23	삼성자산 운용	2024년 2월 14일	0.54	50,239	일라이릴리, 노보 노디스크 독과점
비만 치료제	476070	TIGER 글로벌 비만치료제 TOP2Plus	1.60	6.47	미래에셋 자산운용	2024년 2월 29일	0.53	54,090	일라이릴리, 노보 노디스크 독과점
우주방산	476690	TIGER 미국방산 TOP10	1.00	53.68	미래에셋 자산운용	2024년 10월 29일	0.49	60,073	록히드 마틴 등 미국 방산 10대장
AI 액티브	494840	TIMEFOLIO 글로벌AI인공 지능액티브	0.07	45.23	타임 폴리오 자산운용	2023년 5월 16일	0.87	1,193,416	엔비디아 등 AI 주 도주 초과수익 추 구

예를 들어 미래에셋자산운용의 경우 '사이버보안' 'AI전략' '로보틱스' '비만치료제' 등의 주제를 가지고 주식들을 묶었다. 삼성자산운용도 비슷한 테마와 더불어 '스마트모빌리티' '드론·UAM' '휴머노이드' 등의 테마를 더했다. 한국투자운용은 'ACE 테슬라밸류체인액티브' 'ACE 엔비디아밸류체인액티브' 등 투자하고 싶은 종목을 중심으로 연관 기업을 묶는 공격적인 테마 투자 상품을 출시했다. 주도주가 잘 바뀌는 것이 아니고, 연금계좌에서는 개별 종목에 투자할 수 없기 때문에 비중이 높지 않다면 해볼 만하다고 생각한다. 다시 강조하지만 비중이 부담스럽지 않아야 한다. 종목 하나에 포트폴리오 전체가 흔들리면 안 된다. 테마에 10% 정도는 비중을 두어도 무방하다고 보지만 집중 투자의 느낌이 나는 상품은 개인적으로 5% 미만이 적정하다고 본다.

1단계(S&P500 투자) 이후 2단계(섹터 및 국가 지수 투자), 3단계(스타일 및 테마 투자)까지 올라오려면 각 단계별로 적어도 3개월씩은 공부 시간을 잡아야 한다. 섹터의 종류만 10개가 넘고 스타일 투자도 부문별로 6개에 달한다. 스타일 투자의 대상은 적게 잡아도 최소 20개 기업은 될 테니 구분해서 공부해야 할 상품의 종류만 30~40개는 족히 된다. 그중 3~4개를 선별해 투자해야 하니 6개월이 부족할 것이다.

1~3단계까지 각각 6개월씩 잘 따라왔다면 1년 6개월 만에 투자의 감을 어느 정도 잡았다고 볼 수 있다. 아직 개별 종목 투자까지는 아니더라도, 이제 전문가에게 미국주식 투자에 대한 조언을 들을 수 있는 수준까지는 올라왔다.

이부장이 3단계까지 섭렵했다면, 자본 3억 원에서 비중은 다음과 유사하게 꾸려졌을 것이다.

1. S&P500 ETF 30%(약 9천만 원)+ 미국 섹터 ETF 2가지 5%씩 총 10%(약 3천만 원)+테마 투자 1개 10%(약 3천만 원)=포트폴리오 비중 50%(1억 5천만 원)

2. S&P500 ETF 35%(약 1억 원)+미국 섹터 ETF 1가지 10%(약 3천만 원)+테마 투자 3가지 5%씩 15%(약 4천 500만 원)=포트폴리오 비중 55~60%(약 1억 8천만 원)

수치상 조금 차이가 있을 수 있지만 유형은 비슷할 것이다. 해외 투자 증권 계좌를 같이 운용한다면 해외주식 계좌에서 스

내 집은 있으나
퇴직금이 없는 오이사

오이사는 증권사 임원이다. 수년 전 임원으로 승진하면서 퇴직금을 중간 정산할 기회가 있었고, 그때 가까이 지내던 후배의 추천을 받아 한 종목에 투자했다. 그러다 일이 꼬여서 그 회사는 상장폐지되었고, 투자금 대부분을 잃고 만다. 겉으로 보기에는 부족함 없는 증권사 임원이지만, 정작 그는 자금 관리를 제대로 하지 못한 탓에 불안한 노후를 마주하게 되었다.

수는 있어도 큰 변화는 없는 것이 바람직하다. 반면 '위성자산'
은 핵심자산을 보완하는 역할을 한다. 시장이 좋을 때는 시장보
다 높은 수익을 기대할 수 있는 자산에 투자하고, 시장이 어려울
때는 핵심자산보다 하락폭이 작은 자산이나 하락을 완화할 수
있는 자산으로 구성하는 것이 바람직하다.

전체 포트폴리오 중 50~60%가 주식으로 구성되어 있다면
핵심자산은 그의 절반 수준인 25~30%가 적당하고, 이를 미국
대표 지수로 채우는 것은 아주 전형적인 자산배분의 시작이다.
그리고 경기 흐름에 맞는 스타일 투자, 미국보다 좋을 것 같은
다른 나라 지수에 투자하는 식으로 초과수익을 노리는 것이 기
본 중의 기본이다. 시장이 좋을 때는 테마 투자까지 더할 수 있
다. 다만 이렇게 이론적으로 접근하면 투자가 지나치게 어렵고
버겁게 느껴질 수 있다. 따라서 이를 일종의 행동지침으로 받아
들이고, 투자 단계를 나누어 2년 동안 차분히 고민해보길 권한
다. 그 시간 동안 분명 나름의 깨달음이 생길 것이며, 무엇보다
그 기간에는 지나친 욕심을 부리지 않기를 바란다.

자, 이제 나머지 40~50%를 채워보자. 이는 인컴의 영역이
다. 인컴 자산은 포트폴리오의 변동성을 낮추는 동시에 배당을

통해 월수입을 풍요롭게 하는 운용 전략이자 자산이다. 다만 이 부장은 이미 은퇴를 했고, 3억 3천만 원으로 미래생활자금 내 연금 플랜을 짜야 하는 입장에서는 일반적인 인컴 운용을 보다 공격적으로 하는 선택지도 고려해봐야 한다.

앞서 언급했지만 인컴 자산으로는 채권, 커버드콜, 배당주, 리츠 등이 있다. 배당주와 리츠는 주식에도 포함이 되고 때로는 인컴 전략에도 해당되는 하이브리드 자산인데, 변동성이 심해지는 구간에서는 인컴 전략보다는 주식 자산으로 분류되는 단점이 있다. 하지만 시장 상황이 허락한다면 인컴 전략에 과감하게 배당주를 포함하는 것도 고려해볼 만하다.

사실 커버드콜을 포함하지 않고 배당주를 논하는 이유는 시장 하락에 대한 탄력성 때문이다. 커버드콜의 대표주자로 일컫는 'QYLD'의 경우 그 운용 전략과 배당 시스템상 배당 후 원금 회복에 대한 이슈가 있다. 물론 배당이 크기 때문에 수익률 측면에서 보면 당연히 이익이지만, 사람 마음이란 게 또 배당 이후에도 원금이 그대로 유지되었으면 하는 바람이 생긴다. 해당 관점에서 보면 커버드콜은 아쉬운 부분이 있다. 따라서 인컴 자산이기는 하지만, 수익률보다는 안정성에 보다 무게를 두고 접

QYLD(나스닥100 커버드콜 ETF) 전년 대비 변화율 및 배당률

일자	가격(배당 제외)	전년 대비 변화율	배당률(%)
2025년 12월 31일	17.67	-3%	11.549
2024년 12월 31일	18.22	5%	13.4091
2023년 12월 29일	17.34	9%	11.7789
2022년 12월 30일	15.91	-28%	13.7511
2021년 12월 31일	22.19	-3%	13.8819
2020년 12월 31일	22.8	-3%	11.1617
2019년 12월 31일	23.61	11%	9.8378
2018년 12월 31일	21.31	-	-

근한다면 미국 고배당주 역시 충분히 합리적인 선택지가 될 수 있다.

S&P500 고배당 ETF의 대표주자인 'HDV'의 경우 매년 평균 수익률 기준으로 7년간 배당 제외 약 5%의 수익률을 보였으며, 배당률은 약 3.5% 수준에 이른다. 즉 배당을 3.5%씩 주고도 5%씩 매년 상승했다는 뜻이다. 반면 커버드콜 'QYLD'의 경우 동기간 배당 제외 -3%의 수익률을 기록하며 가격 차트만 보면 하락세를 보였다. 배당만 놓고 보면 평균 12%가 넘었기에

HDV(고배당주 ETF) 전년 대비 변화율 및 배당률

일자	가격(배당 제외)	전년 대비 변화율	배당률(%)
2025년 12월 31일	121.61	8%	3.2157
2024년 12월 31일	112.26	10%	3.6656
2023년 12월 29일	101.99	-2%	3.8175
2022년 12월 30일	104.24	3%	3.5645
2021년 12월 31일	100.99	15%	3.4736
2020년 12월 31일	87.67	-11%	4.0696
2019년 12월 31일	98.07	16%	3.272
2018년 12월 31일	84.38	-	-

'HDV'와 최종 수익률 면에서 별 차이가 없어 보일 수 있다. 하지만 'QYLD'는 시장이 하락할 때마다 지속적으로 가격이 낮아지면서 원금이 빠지는 느낌을 주기 때문에 초보자가 심적으로 관리하기가 쉽지 않다. 아무튼 두 자산 다 높게는 두 자릿수 수익률을 기대할 수 있고, 보다 장기적으로는 연간 8~9%의 수익률을 기대할 수 있다.

고배당 ETF의 경우 여건이 된다면 해외주식 계좌에서 운용해 수익률을 극대화하는 전략을 모색해볼 수 있고, 이부장처럼

해외 고배당 ETF(2026년 2월 13일 기준)

티커	상품명	12개월 배당 (%)	12개월 성과(%, 배당 제외)	운용 시작	보수 (%)	규모 ($m)
SPY(S&P500 추종 ETF)	State Street SPDR S&P 500 ETF Trust	1.068	11.80	1993년 1월 22일	0.0945	696,437
SCHD	Schwab US Dividend Equity ETF	3.314	13.74	2011년 10월 20일	0.06	84,656
DGRO	iShares Core Dividend Growth ETF	1.970	14.84	2014년 6월 12일	0.08	38,397
VYM	Vanguard High Dividend Yield Index Fund	2.253	16.19	2006년 11월 16일	0.04	75,191
HDV	iShares Core High Dividend ETF	2.818	18.53	2011년 3월 31일	0.08	13,498
SDY	State Street SPDR S&P Dividend ETF	2.341	15.55	2005년 11월 15일	0.35	21,973
NOBL	ProShares S&P 500 Dividend Aristocrats ETF	1.952	12.42	2013년 10월 10일	0.35	11,928
DIVB	iShares Core Dividend ETF	2.352	12.04	2017년 11월 9일	0.05	1,302
CGDV	Capital Group Dividend Value ETF	1.246	21.88	2022년 2월 24일	0.33	29,971

IRP에서 운용한다면 국내상장 ETF를 고려할 수 있다. 국내상장 ETF도 최근 성과 기준으로는 배당 포함 15% 수준이므로 뒤처지지는 않는다. 물론 최근 성과 기준이므로, 평균적으로는 배당 포함 8~9% 수준이라 생각해야 한다.

남은 1억 2천만 원에서 평균적으로 연 8~9% 수준이면 1천만 원 이상의 수익금을 인컴 자산에서 활용할 수 있다. 물론 이러한 운용이 공격적이라고 생각되면 리스크를 소폭 줄이기 위해 채권을 활용할 수도 있다. 투자등급 회사채 또는 하이일드 채권을 활용해 포트폴리오에 안정성을 더한다면 수익률은 평균적으로 연 5% 수준일 것이다. 참고로 이부장은 4억 원 중 1억 원을 단기채에 투자했으므로 IRP 70% 위험자산 투자 한계에 대한 제한은 어느 정도 벗어났다고 볼 수 있다.

결론적으로, 은퇴할 때까지 주식 한 번 해보지 않고 보험에도 가입해본 적 없던 이부장을 위한 월 300만~400만 원 노후소득 플랜은 다음과 같다.

1. IRP 4억 원 중 2년간 사용할 자금 1억 원을 단기채 ETF로 바꿔 생활비에 보탠다(필수생활자금 개념).

국내 고배당 ETF(2026년 2월 13일 기준)

상품명	12개월 배당(%)	12개월 성과(%, 배당 제외)	운용 시작	보수(%)	규모(₩m)
TIGER 미국배당다우존스 (458730)	2.839	13.30	2023년 6월 20일	0.08	2,857,804
KODEX 미국배당다우존스 (489250)	2.778	13.44	2024년 8월 13일	0.05	424,732
ACE 미국배당다우존스 (402970)	2.901	13.30	2021년 10월 28일	0.08	748,416
SOL 미국배당다우존스 (446720)	2.951	13.10	2022년 11월 15일	0.08	873,217
TIGER 미국S&P500 배당귀족(429000)	1.866	11.72	2022년 5월 16일	0.36	141,873
ACE 미국배당퀄리티(0046Y0)	1.021	24.24	2025년 5월 13일	0.15	50,270

국내 하이일드 채권 ETF(2026년 2월 13일 기준)

상품명	12개월 배당(%)	12개월 성과(%, 배당 제외)	운용 시작	보수(%)	규모(₩m)
TIGER 미국투자등급회사채 액티브(H)(458260)	4.756	0.29	2023년 5월 31일	0.22	292,565
KODEX iShares 미국투자등급회사재액티브(468630)	4.217	2.56	2023년 10월 19일	0.15	35,497
KODEX iShares 미국하이일드액티브(468380)	6.826	0.12	2023년 10월 19일	0.17	110,616
ACE 미국하이일드액티브(H) (455660)	6.639	-2.74	2023년 4월 18일	1.23	47,816

2. 예금 3천만 원은 추후 세금 절세를 위해 연금저축에 매년 600만 원씩 불입한다.

3. 남은 3억 원은 앞으로 2년간 공부하면서 포트폴리오를 구축한다(약 60% 수준).

4. 포트폴리오 내 남은 금액은 인컴 자산에 투자한다(4단계). 4단계는 자신의 리스크 감내 정도에 따라 달라진다(① 회사채 100%, ② 회사채, 고배당 5:5, ③ 회사채, 커버드콜 5:5, ④ 커버드콜 또는 고배당 100%)

4번의 비율은 현재 시장이 2~3년간 경기 침체 기미가 보이지 않고, 연준의 통화 정책이 긴축으로 돌아서지 않을 것이라 판단하면 ④도 나쁘지 않다고 본다.

최근 7년간의 성과를 바탕으로 기대수익률을 계산해볼 수 있다. 다만 국내상장 ETF는 최근 운용을 시작한 경우가 많기 때문에 편의상 해외 펀드로 계산했다.

VOO S&P500 ETF 가격 추이(평균 복리 수익률 15%)

기간	가격	배당수익률(%)	전년 대비 가격 변화(%)
2025년 12월 31일	627.13	1.13	16.39
2024년 12월 31일	538.81	1.24	23.35
2023년 12월 29일	436.8	1.46	24.32
2022년 12월 30일	351.34	1.69	19.52
2021년 12월 31일	436.57	1.25	27.02
2020년 12월 31일	343.69	1.54	16.19
2019년 12월 31일	295.8	1.88	28.72
2018년 12월 31일	229.81	2.06	-
평균 수익률(%)		1.53	15

XLK 테크 섹터 ETF 가격 추이(평균 복리 수익률 25%)

기간	가격	배당수익률(%)	전년 대비 가격 변화(%)
2025년 12월 31일	143.97	0.54	23.83
2024년 12월 31일	116.26	0.66	20.80
2023년 12월 29일	96.24	0.76	54.68
2022년 12월 30일	62.22	1.04	28.43
2021년 12월 31일	86.935	0.65	33.73

2020년 12월 31일	65.01	0.92	41.83
2019년 12월 31일	45.835	1.16	47.90
2018년 12월 31일	30.99	1.60	-
평균 수익률(%)		0.91	25

XLI 산업재 섹터 ETF 가격 추이(평균 복리 수익률 13%)

기간	가격	배당수익률(%)	전년 대비 가격 변화(%)
2025년 12월 31일	155.12	1.29	17.73
2024년 12월 31일	131.76	1.44	15.59
2023년 12월 29일	113.99	1.63	16.07
2022년 12월 30일	98.21	1.63	7.18
2021년 12월 31일	105.81	1.25	19.49
2020년 12월 31일	88.55	1.55	8.69
2019년 12월 31일	81.47	1.94	26.49
2018년 12월 31일	64.41	2.15	-
평균 수익률(%)		1.61	13

IVW 미국 성장주 가격 추이(평균 복리 수익률 18%)

기간	가격	배당수익률(%)	전년 대비 가격 변화(%)
2025년 12월 31일	123.26	0.40	21.40
2024년 12월 31일	101.53	0.43	35.19
2023년 12월 29일	75.1	1.03	28.38
2022년 12월 30일	58.5	0.89	30.08
2021년 12월 31일	83.67	0.46	31.10
2020년 12월 31일	63.82	0.82	31.83
2019년 12월 31일	48.41	1.63	28.52
2018년 12월 31일	37.6675	1.28	-
평균 수익률(%)		0.87	18

배당을 제외하고 평균적으로 고려하면 연간 기대수익률은 다음과 같다.

S&P500: 15%

S&P500 리딩 섹터: IT 25%, 산업재 13%

S&P500 주요 스타일 부문: 성장주 18%

의미 없는 가정일 수 있지만 1억 원을 S&P500에, 8천만 원을 성장주(IVE)에, 그리고 나머지를 하이일드 채권에 투자해 포트폴리오를 구성하면 평균적으로 월 300만 원의 수익 포트폴리오를 구성할 수 있다. 결과는 매우 간단해 보이지만, 해당 과정을 따라 해보면 중간에 실수도 생길 것이다.

내공이 쌓이면 성장주 대신 IT 섹터 ETF를 넣거나, S&P500 비중에서 나스닥100에 투자하는 'QQQ'를 늘리는 등 기지를 발휘할 수도 있다. 이 경우 수익률이 더 상승할 여지가 생긴다.

실전에서는 'VOO' 대신 'KODEX 미국S&P500'을 활용하면 좋고, 산업재 ETF는 'KODEX 미국S&P500산업재(합성)'를 활용하면 좋다. 'XLK'에 해당하는 상품은 'KODEX 미국S&P500테크놀로지'이며, 성장주는 'KODEX 미국나스닥100'을 선택하는 것이 합리적이다. 하이일드 채권 펀드로 표기된 부분은 'KODEX iShares미국하이일드액티브' 'KODEX iShares미국투자등급회사채액티브'를 섞어서 진행하면 된다.

물론 실제로 운용해보면 기대보다 낮은 수익을 거둘 가능성도 있다. 앞으로 길게는 30년 이상 연금으로 노후를 꾸려가고자 한다면, 젊은 시절 신입사원 때 배우고 익히기 위해 치열하게

타일 투자가 추가될 수도 있고, 테마 투자의 개수가 늘어날 수도 있다. 그 경우 비중이 5~10% 정도 늘어나 전체 포트폴리오의 60~65% 수준 혹은 소폭 상회하는 수준까지 주식 비중이 상승할 수 있다. 정도의 차이는 있지만 이 정도면 이제 어느 정도 시장을 따라가는 수준은 된 것이다. 어디에 투자하는지도 당연히 중요하지만, 그만큼 중요한 것이 투자의 틀을 마련하고 큰 어긋남 없이 유지하는 것이다.

지금까지 잘 따라왔다면 아무것도 모르는 상황에서 '자산배분'이라는 것을 업으로 삼는 전문가와 유사하게, '핵심자산'과 '위성자산'을 구성하는 단계까지 온 것이다. 이론을 먼저 충분히 배우고, 그 이론을 바탕으로 응용하는 것이 일반적인 배움의 순서일 것이다. 그러나 은퇴를 앞두었거나 이미 은퇴한 상황에서 금융자산으로 노후를 설계해야 한다면, 그렇게 차근차근 시간을 들일 여유가 부족할 수 있다. 그렇다면 오히려 응용을 먼저 경험하면서 이론을 배우고, 다시 그 이론을 바탕으로 한 단계 더 응용해나가는 방식도 하나의 현실적인 대안이 될 수 있지 않을까.

기왕 언급된 김에 설명하자면, '핵심자산'은 투자기간이 끝날 때까지 유지해야 하는 자산이다. 비중을 소폭 늘리거나 줄일

월 300만 원 포트폴리오

구분	연간 기대 수익률 (배당 제외)	연간 배당 수익률	금액	자본차익	배당	총수익
S&P500	15%	1.53%	100,000,000	15,000,000	1,530,000	16,530,000
성장주	18%	0.87%	80,000,000	14,400,000	696,000	15,096,000
하이일드	0	5%	120,000,000	-	6,000,000	6,000,000
연간 수익 합계						37,626,000
월수익 환산액						3,135,500

노력했던 시간을 떠올려볼 필요가 있다. 그때의 열정을 되살려 2년만이라도 집중해 배우고 적용해본다면, 노후의 삶이 충분히 달라질 수 있지 않을까 생각해본다.

똘똘한 한 채의 이면,
'하우스 푸어' 박부장

"서초동 집 한 채, 이게 내 인생의 성적표이자 족쇄다." 박부장은 쓸쓸한 표정으로 이렇게 말했다. '내 집 한 채'는 대한민국 50대 가장들의 마지막 자존심이자, 동시에 무거운 짐이기도 하다. 56세 박부장은 서초동 법조단지 인근 30평대 아파트를 소유하고 있다. 시세는 무려 30억 원이다. 등기부등본만 놓고 보면 그는 대한민국 상위 1%에 속하는 부자다.

하지만 속사정은 전혀 다르다. 자녀 유학비와 결혼 자금으로 현금은 바닥났고, 퇴직금은 중간 정산으로 대출 상환에 써버렸다. 남은 것은 집 한 채뿐이다. 국민연금 수령까지 길고 긴 보릿고개를 견뎌야 하는 것이다. 실제로 당장 이번 달 관리비와 재산세를 낼 현금이 부족해 마이너스통장까지 사용했다. 겉으로는 고가 아파트를 보유한 자산가지만, 실상은 현금이 마른 '자산 있는 빈곤층'이다.

박부장은 스스로를 '집거지'라고 자조적으로 부른다. 이걸 팔자니 양도세를 내면 다시는 서초동에 들어오지 못할 것 같고, 계속 버티자니 당장 생활비가 없어 진퇴양난이다. 박부장은 어떤 선택을 해야 할까?

사실 이번 사례는 앞서 '내 집은 있으나 퇴직금이 없는 오이사'와 비슷한 경우다. 차이점이 있다면 똘똘한 한 채를 사는 데 퇴직금을 썼기에, 피치 못할 사정으로 집만 남은 경우와는 조금 다르다. 하지만 '내 집'이 주는 성취감이 큰 만큼, 이른바 '똘똘한 한 채'를 활용해 유동성을 확보하는 일에는 상당한 심리적 저항이 따를 수 있다.

냉정하게 현실을 바라보자. 자산의 규모는 크지만 유동성이 '제로'다. 30억 원짜리 집에 살아도 현금이 없으면 노후가 비참하다. 박부장이 힘든 이유는 돈이 없어서가 아니라 돈이 묶여 있기 때문이다. 서초동이라는 강력한 입지는 유동성을 만들기에 최적의 조건임을 잊지 말아야 한다.

현실적인 계산기를 두드려보자. 박부장에게 필요한 건 공간의 구조조정이다. 사실 이것이 유일한 선택지다.

제2의 박부장을 위한 공간의 구조조정

가장 먼저 떠올릴 수 있는 건 주택연금이다. 하지만 서초동과 같은 초고가 주택 소유자에게 주택연금은 계륵이다. 주택연금 가입 대상 상한(공시가격 12억 원)이 있어, 실제 연금 지급액은 주택 가격 12억 원까지만 인정해 산정된다. 즉 30억 원짜리 주택을 담보로 맡기더라도 연금은 최대 12억 원 기준으로만 지급된다는 뜻이다. 자산 가치의 절반도 인정받지 못한 채 주택을 묶어

두는 것은 자본 효율성 측면에서 아쉬운 선택일 수 있다. 서초동 집은 지키되, 현금을 확보할 수 있는 다른 방법을 고민할 필요가 있다.

필자가 권하는 것은 신도시로의 이주다. 특히 강남과의 교통이 개선될 것으로 기대되는 위례로의 이주다. 가깝게는 송파 생활권을 공유하면서도 신도시 특유의 쾌적함을 갖춘 곳이다. 서초동을 떠난다는 심리적 박탈감을 최소화할 수 있는 현실적인 대안이다. 이전 직장을 다닐 때 연수원이 위례에 있어 자주 방문했고, 필자 역시 해당 지역에 부동산을 소유한 적이 있다. 이주해서 살고 싶을 만큼 거주환경이 매우 좋았다. 교통만 개선된다면 더할 나위 없이 좋겠지만 이 또한 트램이 들어서면 상황이 달라질 것이다.

계획은 이렇다. 먼저 서초동 아파트를 전세 놓는다. 법조단지 인근이라 전세 수요가 탄탄하다. 보수적으로 잡아도 17억 원은 될 것이다. 그리고 신도시 내장급 30평대 또는 그 이상의 아파트에 10억 원 수준의 전세로 거주한다. 서초동 구축보다 새집이고 쾌적하다. 결과적으로 전세보증금 차액 7억 원을 손에 쥐게 된다.

7억 원. 불과 며칠 전까지만 해도 관리비 걱정으로 마이너스통장을 쓰던 은퇴자에게 현금 7억 원이 생긴 것이다. 이 돈이면 위험하게 단타 매매를 하지 않아도, 앞서 배운 3개의 계좌(필수생활자금·유지생활자금·미래생활자금)만 잘 돌리면 은퇴 생활을 충분히 영위할 수 있다.

그런데 이 과정에서 은퇴자가 범하기 쉬운 치명적인 실수가 있다. 바로 '반전세(보증금+월세)'의 유혹이다.

"굳이 위례까지 갈 필요 없이 근처 양재동 쪽에 보증금 7억 원, 월세 200만 원짜리 반전세로 가면 안 될까요? 어차피 7억 원 굴려서 수익 내면 월세를 내고도 남잖아요."

수치상으로는 문제가 없어 보인다. 익숙한 서초구를 떠나지 않아도 되고, 투자 수익으로 월세를 내면 된다는 계산이다. 하지만 필자는 이런 선택은 권하고 싶지 않다. 이것은 투자의 영역이 아니라 심리의 영역이기 때문이다. 투자의 세계에서 매달 확정된 수익이 나오는 상품은 예금밖에 없다. 우리가 투자하려는 배당주나 ETF는 시장 상황에 따라 월 배당금이 줄어들 수도 있고, 일시적으로 원금이 하락하는 구간을 겪기도 한다.

상상해보자. 시장이 폭락해서 계좌가 파란불인데, 집주인에게 보낼 월세 날짜는 어김없이 다가오는 그 상황을. 이때 느끼는 심리적 압박감은 공포 그 자체다. '투자해서 번 돈으로 월세를 낸다'는 계획은 상승장에서는 달콤하지만, 하락장에서는 지옥이 된다. 내야 할 돈(월세)은 고정되어 있는데, 들어오는 돈(수익)이 흔들리면 사람은 이성적인 판단을 잃고 공포에 질려 바닥에서 주식을 파는 최악의 수를 두게 된다.

은퇴자의 제1원칙은 고정지출을 최대한 '0'으로 만드는 것이다. 숨만 쉬어도 나가는 돈이 있어서는 안 된다. 그러니 욕심을 버려라. 몸은 조금 불편하더라도 100% 전세로 가서 주거비를 없애야 한다. 그래야 시장이 흔들려도 마음의 평화를 유지할 수 있다.

어쨌든 이제 박부장의 손에는 7억 원이 생겼다. 이 돈을 필수생활자금에 2억 원, 유지생활자금에 3억 원, 미래생활자금에 2억 원씩 나누어 담아야 한다. 특히 남의 집에 전세를 산다는 리스크를 헤지하기 위해 필수생활자금 계좌를 두텁게 가져가는 것이 핵심이다.

먼저 필수생활자금(2억 원)부터 살펴보자. 필수생활자금의 역할은 향후 2년간의 생활비 확보 및 전세금 인상 방어다. 이 돈은 잃어서는 안 되는 최후의 보루다. 수익률보다는 유동성과 안정성이 최우선이다. 2년 뒤 전세 인상을 대비해 1억 원은 아예 없다 생각하고 떼어놓는다. 이 돈이 있으면 계약 만기 때 비굴해지지 않을 수 있다. 해당 계좌의 진짜 재원은 생활비 완충을 위한 1억 원이다. 본래 필수생활자금의 목적에 맞는 자금이다. 시장이 폭락해 유지생활자금의 배당이 줄어들거나 급전이 필요할 때 사용하는 비상금이다. 투자할 만한 상품으로는 'KODEX 머니마켓액티브' 또는 'KODEX CD금리액티브(합성)'가 있다. 언제든 현금화가 가능하고 은행 예금보다 높은 수익을 주는 파킹형 ETF에 넣어둔다. 단 전세금 비상금(1억 원)과의 구분을 위해 상품은 구분해두자.

이어서 유지생활자금(3억 원)을 살펴볼 차례다. 목표는 매달 생활비를 만들어내는 것이다. 수익률 목표는 연 6%, 즉 월 150만 원이다. 철저하게 인컴 위주로 짜야 마땅하다. 생활이 걸려 있기 때문에 주가 상승보다는 배당의 지속성이 중요하다.

배당 성장에 초점을 두는 상품에 우선 절반(1억 5천만 원)을 넣는다. 'SOL 미국배당다우존스' 또는 'TIGER 미국배당다우존스'와 같은 상품은 연 3.5~4% 수준의 배당을 받으면서 자본차익도 기대해볼 수 있다. 다음으로 나머지 절반(1억 5천만 원)은 고배당 커버드콜과 채권에 투자한다. 현금흐름을 강화하기 위해 'TIGER 미국나스닥100타겟데일리커버드콜'과 같은 커버드콜 상품을 섞어야 한다. 고배당주로는 부족하다. 물론 여기에 'ACE 미국하이일드액티브(H)'와 같은 채권형 ETF를 더해 변동성을 낮춘다. 커버드콜에만 투자하면 연 10% 수준까지 기대해볼 수 있지만 하이일드를 가미해 안정성을 높여야 한다.

이렇게 3억 원의 유지생활자금을 통해 월 150만 원의 수익을 거둘 수 있도록 구조를 짠다.

마지막으로 미래생활자금(2억 원)이다. 목표는 물가 상승을 이기고, 10년 뒤 자산을 불려줄 미래의 희망을 키우는 일이다. 여러 번 설명해서 이제는 잘 인지하고 있을 것이다. 10년 뒤에도 구매력을 유지하려면 반드시 지산의 성장이 필요하다는 점을 잊지 말아야 한다. 잘 굴리면 좋은 열매가 될 수 있다. 누누이 강조했듯이 미국주식이 가장 기본이다.

우선 시장 지수에 1억 원을 배분하자. 예를 들어 'KODEX

미국S&P500'이나 'TIME 미국S&P500액티브'와 같이 미국 시장 전체에 투자한다. 가장 마음 편한 성장판이다. 다음으로 이전 사례에서 자세히 설명했던 테마 및 스타일 투자다. 특히 테마 투자의 경우 수익률을 극대화할 수 있는데, 요즘과 같이 AI가 뜨거울 때는 한동안 테마가 지속될 수 있기 때문에 기회를 놓쳐선 안 된다. 1억 원으로 'ACE 미국빅테크TOP7 Plus'나 'KODEX 미국AI전력핵심인프라'와 같은 테마 주도주에 투자한다. 당장의 배당보다는 5년 뒤 자산 가치가 2배가 될 가능성에 베팅하는 것이다.

이렇게 3개의 계좌로 나누고 나면 현금흐름은 완벽한 시스템이 되어 돌아간다. 물론 개개인마다 연금계좌나 해외 증권 계좌의 상황은 달라 일일이 언급하기는 어렵지만, 상품으로도 그 역할을 세부적으로 나눌 수 있으니 엑셀로 관리하면서 투자해보자.

결국 유지생활자금에 투자한 3억 원이 재원이 되어 매달 150만 원의 인컴이 발생하게 되었고, 부족분은 필수생활자금에서 충당하게 될 것이다. 미래생활자금은 손대지 말아야 하며, 필수생활자금에 있는 별도의 1억 원 역시 전세금에 대한 비상금이므로 가급적 이자만 받도록 하자. 물론 이러한 비상금도 경제 위기나 일시적 급락이 오면 요긴하게 쓰일 수 있다.

부동산 불패 신화가 우리의 노후 식탁을 차려주지는 않는다. 깔고 앉은 30억 원을 바라보며 대출 이자에 허덕일 것인가, 과감하게 7억 원을 꺼내어 편안한 노후를 지킬 것인가? 무엇보다 필자가 제시한 방안대로라면 어렵게 일군 서초동 집도 팔지 않고 지킬 수 있다. 물론 실거주는 어렵겠지만, 떠날 용기가 있어야 다시 돌아올 수 있는 기회도 만들 수 있지 않겠는가?

퇴직금도, 집도 있지만
걱정이 큰 최센터장

최센터장은 아쉽게도 ○○은행 본부장 승진에 실패했다. 후배들에게는 미안했지만 지점장으로서 실적 압박을 강하게 밀어붙이며 끝까지 도전했다. 그러나 결국 뜻을 이루지 못했고, 임원 바로 아래 직급인 센터장으로 은퇴하게 되었다. 은행에서 30년 가까이 근무한 덕분에 퇴직금은 넉넉히 쌓였다. 자가에 살고 있고, 현금 자산도 8억 원에 달했다. 겉으로 보면 완벽해 보이지만 그런 그에게도 고민은 있었다.

첫째, 은행원이었지만 투자성향은 매우 보수적이었다. 연금저축과 ISA를 모두 예금으로만 운용하고 있었다. 둘째, 두 아들이 아직 결혼하지 않았다. 셋째, 선후배들과 모임이 잦고, 여행과 골프를 즐기는 넉넉한 삶을 계속 유지하고 싶었다.

갖고 있는 퇴직금은 넉넉했지만, 오랜 기간 누린 호화로운 삶을 쉽게 내려놓고 싶지 않았다.

최센터장은 은퇴 후에도 월 400만~500만 원 수준의 생활비가 필요하다. 그런데 5~10년 내에 두 아들이 결혼하면 약 5억 원 수준의 현금이 소진될 것이다. 이에 따라 계좌를 구분해서 목돈 8억 원을 운용할 필요가 있다.

1. 필수생활자금: 400만 원×12개월=약 5천만 원

2. 유지생활자금: 5억 1천만 원

3. 미래생활자금: 2억 4천만 원

필수생활자금 계좌는 1년치 비상금을 목적으로 단기 채권

ETF 등에 투자한다. 미래생활자금의 목적은 아들들 장가에 필요한 돈을 모으는 것이다. 장가를 갈 때 전세금이라도 보태주려면 최소 5억 원은 있어야 한다는 판단에, 2억 4천만 원을 2배로 불리는 것을 목표로 한다. 1년에 15% 수익률을 달성하면 5년이면 충분할 것이고, 10~15% 수준을 기대한다면 7~8년이면 목표에 다다른다. 여기서 가장 중요한 것은 그동안 유지생활자금 계좌에서 월 500만 원의 포트폴리오를 구축하는 것이다.

다행히 이미 5천만 원이 들어 있는 연금저축이 있어서 그 계좌를 깨지 않고 유지생활자금으로 활용하기로 한다. 별도로 갖고 있는 ISA(5천만 원)와 IRP(7억 원) 또한 세제 혜택을 유지하기 위해 깨지 않고 유지한다. 이 경우 계좌가 아닌 상품으로 역할을 구분해 운용한다.

제2의 최센터장을 위한
연금 포트폴리오

먼저 연금저축(5천만 원)은 제약 없는 '현금 부스터' 역할을 한다.

많은 은퇴자가 연금저축을 방치하지만, IRP와 달리 위험자산 100% 투자가 가능하기에 공격적인 운용 창구로 활용할 수 있다. 연금저축의 5천만 원은 유지생활자금(초고배당 인컴) 역할을 한다. 따라서 전액을 연 분배율 15% 수준의 'TIGER 미국나스닥100타겟데일리커버드콜'과 같은 데일리 커버드콜 ETF에 투자한다. 그리하여 월 60만 원 내외의 현금이 이 작은 계좌에서 쏟아져 나오게 된다. 이는 최센터장의 골프 라운딩 비용 또는 모임 비용을 전담하는 효자 계좌가 될 것이다.

다음으로 IRP 계좌(7억 원)는 '안전자산 30% 의무 보유'라는 제약을 역이용해 황금 비율로 운용하겠다. 7억 원 중 30%, 즉 2억 1천만 원은 무조건 안전한 자산에 넣어야 한다. 우리는 이 규제를 필수생활자금과 유지생활자금으로 활용해 리스크를 헤지하겠다.

필수생활자금(5천만 원)은 IRP 내에서 운용하며 상품으로 구별하겠다. 비상금 및 1년지 생활비를 목표로 IRP 내에서 가장 안전한 파킹형 단기 채권에 투자한다. 'KODEX 머니마켓액티브' 등이 대표적이다. 파킹형 단기 채권에 돈을 넣어두면, 시장이 폭락해도 내일 당장 쓸 돈 5천만 원은 살아 있게 된다. 심리적 안전판이다.

다음으로 유지생활자금(4억 6천만 원)은 월 400만 원을 만드는 핵심 엔진이다. 여기가 생활비를 만드는 주력 공장이다. 목표 수익률을 맞추기 위해 고배당 커버드콜에 집중한다. 참고로 커버드콜도 위험자산으로 분류되므로 약 70%인 3억 원을 분배한다. IRP 위험자산 한도를 감안해 현금흐름을 극한으로 끌어올려야 한다. 배당주(3~4%)도 좋지만 배당주는 배당이 낮아 자본차익을 기대해야 하는데, 증시가 하락할 경우 최센터장의 생활비를 감당할 수 없다. 연 15%를 목표로 하는 'TIGER 미국나스닥100타겟데일리커버드콜'과 같은 상품에 집중해야 한다. 3억 원을 연 15% 분배율 상품에 투자하면 월 375만 원 수준의 분배금이 발생한다(세전 기준, 실제 운용 성과에 따라 변동 가능). 이것만으로도 최센터장이 원하는 생활비의 70% 이상이 해결된다.

3억 원을 제외한 나머지 유지생활자금 1억 6천만 원은 투자등급 회사채에 투자하는 것이 현재 상황에선 가장 합리적인 선택지다. 1억 6천만 원을 IRP 안전자산 쿼터로 활용하는 동시에 연 4~5% 이자를 받으면서 자산을 방어한다. 여기서 월 60만 원 정도가 추가된다.

국내상장 투자등급 회사채 ETF(2026년 3월 11일 기준)

티커	상품명	12개월 배당(%)	12개월 성과(%, 배당 제외)	운용 시작	보수 (%)	규모 (₩B)
458260	TIGER 미국투자등급 회사채액티브(H)	4.84	-1.55	2023년 5월 31일	0.22	286.4
468630	KODEX iShares 미국 투자등급회사채액티브	4.16	1.61	2023년 10월 19일	0.15	35.9

다음으로 미래생활자금(1억 9천만 원)은 IRP의 남은 위험자산 한도를 채우는 데 활용한다. 이는 아들의 미래를 위해 5년을 내다보고 투자할 돈이다. 고수익 목적으로 미국 지수(KODEX 미국S&P500)와 주도 섹터(ACE 미국빅테크TOP7 Plus)에 5:5로 분산한다.

마지막으로 ISA(5천만 원)는 비과세 혜택을 살려 '알파'를 노리는 미래생활자금 용도다. 다만 별도의 계좌가 마련되어 있고, 가장 유연하게 운용할 수 있는 계좌인 만큼 2~3년간 세상을 주도할 테마에 투자하는 것이 좋다. 'KODEX 미국AI전력핵심인프라' 또는 'KoAct 글로벌AI&로봇액티브' 등을 살펴보자.

이렇게 포트폴리오를 구축하면 금융 소득만으로 월 500만 원에 육박하는 현금흐름을 만들 수 있다. 여기에 미래생활자금 (2억 4천만 원)이 연 10%씩 성장한다면, 5~7년 뒤에는 아들들의 결혼 자금도 충분히 마련할 수 있다.

다만 여기서 은행원 출신인 최센터장이 반드시 뼈에 새겨야 할 리스크가 있다. 앞서 여러 차례 언급했던 커버드콜에 내재된 리스크다. 유지생활자금의 주력인 'TIGER 미국나스닥100타겟데일리커버드콜'은 연 15% 수준의 분배금을 주는 대신, 기초지수(나스닥100)가 하락하면 원금도 같이 빠진다. 더 무서운 것은 지수가 반등할 때 상승폭이 제한되어 있어 원금 회복 속도가 매우 느리다는 점이다.

이러한 원금 침식이 두렵다면 매달 나오는 500만 원의 배당금 중 100만 원은 쓰지 말고 미래생활자금(S&P500 등)에 재투자해보자. 이것이 스스로 쌓는 일종의 '대손충당금'일 수 있다.

퇴직금 없는
자영업자 김사장

55세 김사장은 20년 가까이 프랜차이즈 식당을 운영했다.

한때는 장사가 제법 잘되어 4개의 사업장을 굴릴 만큼 남부럽지 않은 수입을 올렸지만, 최근 수년간 내수 침체의 직격탄을 맞고 결국 마지막 가게까지 문을 닫는다.

그의 손에 남은 것은 점포 보증금과 권리금을 합친 현금 3억 원, 그리고 자영업자의 퇴직금이라 불리는 노란우산 공제 수령액 5천만 원이 전부였다. "어떻게든 작은 점포

라도 얻어서 무인 아이스크림 가게라도 돌려야 하나 싶네
요." 김사장은 한숨을 내쉬며 말한다.

지금까지 우리는 오랜 기간 직장에서 일하며 퇴직금(IRP)이란 무기를 손에 쥔 사람들의 이야기를 살펴봤다. 대한민국 경제의 다른 한 축을 담당하는 자영업자들은 어떨까? 이들에게는 은퇴 시점에 하늘에서 뚝 떨어지는 수억 원의 퇴직금이 없다.

주변에 자영업을 하다 은퇴한 사람들과 인터뷰해보면 '배운 게 도둑질'이라고 열에 아홉은 다시 자영업에 도전하겠다고 말한다. 하지만 냉정하게 말해서 50대 중반에 3억 5천만 원의 노후 자본을 모두 걸고 다시 생업 전선에 뛰어드는 것은 리스크가 너무 크다. 그나마 건진 돈마저 날리고 빈털터리가 될 수 있기 때문이다.

한 손에 쥔 것을 내려놓아야 새것을 손에 쥘 수 있다. 이제는 매일 문을 열고 손님을 받아야 돈이 들어오는 '자영업자'의 뇌 구조를 버리고, 자본이 나를 위해 일하게 만드는 '자본가'의 뇌 구조로 돌아설 때다. 김사장도 이를 원했다.

제2의 김사장을 위한
연금 포트폴리오

자영업자가 사업을 정리하고 목돈을 쥐었을 때 가장 조심해야할 1순위는 '세금'이다. 김사장이 일반 증권 계좌에 3억 5천만 원을 넣고, 앞서 배운 연 10~15%짜리 고배당 커버드콜에 덜컥 투자한다고 가정해보자. 연간 3,500만 원 이상 발생한 배당금에 15.4% 배당소득세가 원천징수되고, 금융소득이 연 2천만 원을 초과할 경우 금융소득종합과세 대상이 되어 건강보험료 부담이 크게 늘어날 수 있다. 따라서 연금 투자를 시작하기 전에 반드시 절세계좌의 틀부터 짜야 한다.

우선 노란우산공제는 IRP로 이전해 과세이연하는 것이 좋다. 폐업 시 받는 노란우산공제 공제금을 일시금으로 받으면 퇴직소득세가 부과된다. 하지만 이를 본인 명의의 IRP로 이전하면 당장 세금을 내지 않고 과세가 이연된다. 이렇게 넘어간 5천만 원은 훌륭한 종잣돈이자 안전자산의 첫 번째 뼈대가 된다.

다음으로 절세계좌로 매년 자금을 옮겨야 한다. 남은 현금 3억 원을 한 번에 연금계좌에 넣을 수는 없다. 연간 납입 한도가 정해져 있기 때문이다. 김사장 부부는 각자의 명의로 연금저축에 1,800만 원, 중개형 ISA에 2천만 원씩 한도를 꽉 채워 현금을 밀어 넣었다. 연금저축은 5년만 유지하면 만55세 이후부터 3.3~5.5%의 저율 과세 연금 수령 구간에 진입할 수 있고, ISA는 3년 뒤 비과세 혜택을 받고 다시 연금계좌로 넘길 수 있다는 장점이 있다.

마지막으로 연금저축의 의무 가입기간 동안, 즉 5년간은 소일거리라도 찾아보는 것이 좋다. 의무 가입기간이 채워지는 5년간 부부가 파트타임으로 월 150만 원 정도만 만들어도 생활비를 방어할 수 있다. 잃는 돈도 문제지만 가게를 접는 심정은 또 어떻겠는가? 필자 역시 자영업을 해본 적이 있는데, 가게 열쇠를 넘겨주던 그 순간의 감정은 '슬프다'는 표현이 부족하다. 그 아쉬움과 허전함을 소일거리라도 하며 조금씩 달래는 편이 나을 수 있다. 부부 둘이 월 150만 원이면 크게 부담스럽지도 않고, 자금 측면에서도 의미가 있다. 작은 수입이라도 꾸준히 발생한다면 투자 리스크를 낮춘 보수적인 운용 플랜을 설계할 수 있기 때문이다.

절세의 뼈대가 세워졌으니, 이제 3억 5천만 원을 3개의 계좌로 분리해 역할을 부여하자. 다만 연금저축과 IRP 내에서 역할을 분명하게 구분해 운용하기가 어렵다. 따라서 상품으로 구분하는 것이 바람직하다. 같은 IRP 내에 있어도 MMF는 필수생활자금이고, 커버드콜과 회사채는 유지생활자금, 마지막으로 배당주와 테마주는 미래생활자금으로 구분하는 것이 현실적이다.

1. 필수생활자금(5천만 원): 100% 현금성 비상금
2. 유지생활자금(2억 원): 핵심 현금 공장
3. 미래생활자금(1억 원): 10년 뒤를 바라보는 미래 식량

먼저 필수생활자금이다. IRP나 연금저축에 들어간 돈은 중도에 해지하면 16.5%의 기타소득세를 물어내야 한다. 따라서 묶이지 않은 100% 현금성 비상금이 반드시 필요하다. 아직 연금계좌로 이체하지 못한 자금 중 5천만 원을 일반 계좌에 남겨둔다. 중요한 것은 잃지 않는 것이다. 수익률 욕심을 버리고 'KODEX 머니마켓액티브'나 'KODEX 단기채권' 등에 넣어둔다. 파트타임 소득이 부족할 때나 목돈이 필요할 때 언제든 현금화할 수 있게 대기시킨다.

다음으로 유지생활자금이다. 앞으로 김사장의 멘탈을 지켜줄 핵심 현금 공장의 역할을 한다. 파트타임 소득 150만 원과 여기서 나오는 인컴 150만 원을 더해 월 300만 원의 기본 생활비를 완성하는 것이 목표다.

우선 고배당 커버드콜에 1억 원을 투자해보자. 부부의 연금저축을 적극 활용해 'TIGER 미국나스닥100타겟데일리커버드콜'에 배분한다. 연 15% 수준을 목표로 하므로 연 1,500만 원의 인컴이 발생한다. 연금계좌 안에서 배당을 받으면 당장 세금을 떼지 않으므로 절세 효과가 탁월하다. 당장 장사를 접어 불안한 김사장에게 매월 꽂히는 현금은 강력한 심리적 무기다. 남은 1억 원은 우량 회사채를 활용하다. 커버드콜의 변동성을 잡아줄 쿠션이다. 노란우산공제에서 넘어온 IRP 계좌(5천만 원)와 일반 계좌 일부를 활용해 'TIGER 미국투자등급회사채액티브(H)'에 투자한다. 연 4~5% 수준의 이자를 기대할 수 있으며, 자산의 하방을 막는 효과가 있다.

마지막으로 미래생활자금을 운용할 차례다. 필수생활자금과 유지생활자금을 만들고, 남은 1억 원은 비과세 혜택이 강력한 ISA와 잔여 일반 계좌를 활용해 미래생활자금으로 운용하겠다. 10년 뒤를 바라보고 묻어두는 미래의 식량으로 쓴다. 핵심 자산은 시장 지수로 한다. 50%에 해당하는 5천만 원을 S&P500지수에 배분한다. 'KODEX 미국S&P500'이 대표적이다. 다음으로 나머지 5천만 원은 주도 섹터 및 테마에 투자해 초과수익을 노린다. 'ACE 미국빅테크TOP7 Plus'나 'KODEX 미국AI전력핵심인프라' 등에 투자한다. 이 돈은 당장 꺼내 쓸 돈이 아니기 때문에 단기적인 변동성에 일희일비할 필요가 없다.

이렇게 세팅을 마치고 나면 김사장은 더 이상 내일의 매출을 걱정하며 밤잠을 설치는 프랜차이즈 사장님이 아니다. 5년 동안 가벼운 파트타임으로 워밍업을 하고, 3억 5천만 원의 자본은 매년 절세계좌로 안전하게 이사시켜 튼튼한 연금 시스템을 구축한다. IRP 통장이 없다고, 든든한 퇴직금이 없다고 좌절할 필요는 없다. 치열한 자영업 생태계에서 20년을 버텨내며 모은 피 같은 자본만 있다면, 금융이라는 도구를 활용해 얼마든지 훌륭한 노후 연금 시스템을 구축할 수 있다. 중요한 것은 두려움을 떨치고 첫발을 내딛는 용기와 자본의 원리를 이해하려는 흔들림 없는 다짐뿐이다.

김사장의 연금 시스템 구축 포트폴리오

계좌 목적	배분액	주 활용 계좌	투자 대상 (ETF 예시)	기대역할 및 목표
필수생활 자금	5천만 원	일반 증권 계좌	KODEX 머니 마켓액티브, KODEX 단기채권	비상금 및 유동성 확보 (현금화 용이, 원금 손실 방어)
유지생활 자금 (현금흐름)	1억 원	연금저축계좌 (부부 명의 분산)	TIGER 미국나스닥 100타겟데일리 커버드콜	초고배당 현금 창출 (연 15% 수준 분배금, 생활비 보조)
유지생활 자금 (안전판)	1억 원	IRP 계좌(노란 우산 이전)+일반 증권 계좌	TIGER 미국 투자등급회사채 액티브(H)	포트폴리오 변동성 완충(연 4~5% 이자, 원금 방어력 제공)
미래생활 자금 1 (자산 증식)	5천만 원	ISA 계좌+일반 증권 계좌	KODEX 미국 S&P500	물가 상승 방어 및 장기 우상향(배당 재투자를 통한 복리 극대화)
미래생활 자금 2 (초과수익)	5천만 원	ISA 계좌+일반 증권 계좌	ACE 미국빅테크 TOP7 Plus, KODEX 미국AI 전력핵심인프라	시장 주도주 투자를 통한 알파 창출(미래 10년 자본차익 극대화)
합계		3억 5천만 원		월 150만 원 현금흐름+ 1억 원 미래생활자금 동력

당신의 노후가
행복하기를 바라며

벌써 다섯 번째 책을 썼다. 2016년 처음 펜을 들었을 때의 마음과 지금의 생각이 같지는 않겠지만, 필자가 아는 얄팍한 지식이라도 나누어 사람들이 돈 때문에 불행해지는 일은 없었으면 좋겠다는 의도는 분명 동일하다. 돈이라는 것이 삶의 목적이 되어서는 결코 안 되겠지만, 삶의 불행이 돈으로부터 시작되는 모습을 너무 많이 보아왔기 때문에 그것만은 최대한 막고 싶었다.

20년 넘게 좋은 회사를 다니면서 존경하는 선배들을 많이 만났다. 따르는 후배들을 보며 행복감을 느꼈던 적도 셀 수 없다. 문득 이들과 계속 만나며 함께 늙어가면 얼마나 좋을지 상상해본 적도 있다. 나이 50에 가까워지면서 이러한 생각의 빈도는 계속 짧아졌다. 하지만 나의 삶이 잘 풀린다고 해서, 혹은 그들의 삶이 나아진다고 해서 그러한 만남이 계속될 수는 없다는 것 또한 알게 되었다. 우리 모두에게 아쉬움이 없어야 하고, 서로를 배려할 만큼의 여유도 필요했다.

행복한 노후란 그런 것이다. 만나서 힘든 이야기를 하기보다 즐거운 이야기를 할 수 있어야 하고, 과거의 힘든 시간을 추억으로 곱씹을 수 있어야 하며, 인생의 절반이 꺾였지만 여전히 미래가 기대되어야 한다. 그래야 서로 즐겁다. 만날 때마다 누가 밥을 살지 걱정하고, 집을 나서면 돈 생각이 머릿속을 가득 채우고, 30년을 일하고도 또 억지로 일자리를 찾아 헤매야 한다면 '행복'이라는 단어가 무색할 것이다.

펀드매니저라는 직업을 가지면서 내가 좋아하는 사람들에

게 도움을 줄 수 있어 너무 좋았다. 나에게 수수료를 내고 돈을 맡기는 사람들에게 좋은 수익을 안겨줄 때도 보람을 느끼지만, 그만큼 내가 아는 사람들에게 작은 행복감을 줄 수 있을 때, 예상치 못한 금전적인 어려움에 직면한 이들에게 작은 조언을 해줄 수 있을 때 더욱 보람을 느꼈다. 어쩌면 그 경험이 너무 좋아서 벌써 다섯 권이나 책을 쓰게 되었는지도 모르겠다.

내가 아는 것이 정답도 아니고, 더 좋은 방법이 어딘가에 있을지도 알면서도 누군가에게 조언을 한다는 것이 때로는 부끄럽기도 하다. 그래도 누군가에게 힘이 될 수 있다면 앞으로도 기꺼이 그렇게 하고 싶다.

내게 마음속 깊은 이야기와 함께 부끄러운 계좌를 보여주었던 선배들과, 자신의 처지를 토로했던 후배들에게 전하고자 했던 마음이 이 책에 잘 담겨 있기를 소망한다. 그리고 인생의 1막이 끝나는 순간, 2막을 기대하기보다 고통스러운 걱정에 사로잡혀 있을 누군가에게 작은 희망을 줄 수 있기를 바란다.

50부터 시작하는 월 300 연금 만들기

초판 1쇄 발행 2026년 3월 30일

지은이 | 황호봉
펴낸곳 | 원앤원북스
펴낸이 | 오운영
경영총괄 | 박종명
기획편집 | 이광민 김형욱 최윤정
디자인 | 이영재
기획마케팅 | 문준영 박미애 김연아
디지털콘텐츠 | 안태정
등록번호 | 제2018-000146호(2018년 1월 23일)
주소 | 04091 서울시 마포구 토정로 222 한국출판콘텐츠센터 319호 (신수동)
전화 | (02)719-7735   팩스 | (02)719-7736
이메일 | onobooks2018@naver.com   블로그 | blog.naver.com/onobooks2018
값 | 22,000원
ISBN 979-11-7043-739-0 03320